五年、十年，拔萃依然

張灼祥　著

Time Capsule

前　言

　　從學校禮堂往前走，大門牆頂掛着的 Time Capsule，是 2009 年掛上去的。時間囊（Time Capsule）一般是把當年有關資訊放進去，若干年後拿出來看，重溫當年的人和事。時間囊多埋在地下，如今卻掛在牆上，裏面藏有「手指」，放進電腦，就可知道藏在裏面的「百寶」了。

　　門外的鳳凰木，到了夏天，開紅花，十分好看。樹下放上木椅，可在此拍照。當年 Lowcock House 成立典禮後，Mr Lowcock 在樹下與一眾舊生拍照留念。第一屆家長教師就職，也在這裏拍照。

　　大門左側矗立孫中山銅像，有他孫女的題字「天下為公」。再過去，下了石級，就是球場，球場另一邊可見樹屋，是用舊禮堂木椅砌成的。然後是附屬小學，2004 年入讀的小學同學，如今已大學畢業，在不同地區工作了。

　　出得門來，見到不只是男生，也有女生。書寫未來的，有仍在念書的大中小學生、舊生，也有念大中小學的女生。眾生平等，出現在書中的有男也有女，正常得很，他們書寫的文章，各自精彩，都好看。

序一

張校長二三事

關嘉利

認識張校長，是偶然的事。

那已然是多年前了，一次講座上，我與張校長同為講者。要與德高望重的張校長同場，身為後輩的我緊張不已，戰戰兢兢。見到張校長時，倒是輕鬆了許多。他與宣傳照上沒有多大分別，仍是半白的頭髮，戴着眼鏡，不過似乎要瘦削一些，也讓人覺得平易近人，為人毫無架子。他開門見山，笑着問我的書與我的故事，還讓我簽名給他。我有點來不及反應，糊里糊塗簽了就給他，連道謝也忘了有沒有說。

講座結束後，他出其不意地問我說，可否做一個訪問。我倒是沒有想到，我這樣一個不起眼的後輩，那麼平凡的故事，他卻願意聆聽並記錄下來，甚至深深地理解。那次，他剛好筆記本用完了。我去買了回來，送了筆記本給他，作為比起口頭更實在的道謝，心裏也不再懸着。後來有機會見過兩三次，我都帶着筆記本送他。這微不足道的禮物，他卻多番道謝，說，剛好舊的用完了。

之後與張校長聯絡也不算多。偶爾他發發節日祝福，又或分享專欄文章，話也不多。有時候看着張校長的文章，

我挺佩服他對寫作的堅持和熱愛，同時慚愧自己懶於練筆。他總是鼓勵我嘗試、多寫，也樂於提攜後輩，押上自己的名字幫我提名。結果落選了，我卻是滿滿的辜負感。或許因為這樣，我練筆更勤了，也多參加創作比賽。我與張校長分享最多的是寫作的事，又或是得獎的事，好像這樣子，我才能夠填滿辜負的缺口。他總是不吝嗇讚賞，我知道，裏面更多的是鼓勵與期待。

後來一次，我與張校長說起最近獲獎的事。他看了作品後，說着幫忙替我穿針引線，引薦給出版社。他大忙人卻惦記着這事，不厭其煩地多次來來回回與我和編輯溝通。他總是將自己放得很輕，笑着說，可以當你們的經紀人了！雖是玩笑話，但意義重大，落在我心裏份量卻很重很重。我仍戰戰兢兢，不敢怠慢，卻不知道如何謝他才好。他卻不以為然，談笑道，要收取經紀人費用的——筆記本，一本就夠了！

序二

走向未來

文麗英

張校長，一位身體力行的有情人。

情繫年輕人。校長以教育為終生事業，樂觀學子成長。學生畢業前，他是年輕人的師長，學生離校後，則化成小伙子的朋友。猶記得昔日校園的情景：課堂後，校長與學生聊天；舞會上，學生與校長共舞；不少學生領袖，主動到校長室進言，而校園的壁畫、聖誕卡不少也以「肯得基叔叔」(校長的別號)為設計對象。在校長的私人聚會中，不少校友更是座上賓客、表演嘉賓，師生情義長。

情繫寫作。校長積極鼓勵學生創作，在任期間，校園寫作風氣甚濃：社際創作比賽、校園文集、學會期刊、班報等等，琳琅滿目，部份學生更取得藝術發展局的資助，出版處女作。校長言教身教，學生時代已擔任校報編輯，自始與寫作結下不解之緣，至今仍撰稿結集，筆耕不絕，與文字結伴同行。

在校長的牽引下，「三部曲」的誕生，意味着年輕人與寫作締結情緣。校長退而不休，關心下一代，邀請年輕的過來人，以自己一路走來的故事，預示自己的未來。期盼生命影響生命，撥開陰霾，晴天重現。

序三

把握現在

鄭丹珊

五年、或十年，時間的長度一樣，但放在不同的階段，經歷和感覺迥然不同。

五年、或十年，回想在童年時，各人都為了學業而努力。我們背着沉甸甸的書包，往返學校和我們的家。這兩個地方就是我們的整個世界。何為社會，何為將來，都模糊不清，遠不及考試卷上的紅色數字來得深刻。我們彷彿坐上了旋轉木馬，圍繞着父母師長的想法，無不抗拒地前行。

五年、或十年，猜想在老年時，我們會為了健康而妥協，卸下工作的重擔，遠離煩囂，探索大千世界。或許這是不錯的養生之道？

五年、或十年，正值青年時，我們會為事業拼搏。目標看似近在咫尺，向前踏一步，卻又像進入了一個迷宮。

我們將會碰到許多死胡同，或者需要走少許回頭路；

我們將會遇到很多人，他們會熱衷地給予指引，或東或西，或南或北。

我們要謹記所有失敗的教訓，鼓起勇氣繼續前行，成功逃出這個迷宮；正值青年時，我們進入社會，認識社會，多結交良朋知己，一起為這社會帶來更好的轉變；正值青

年時，我們開始組織家庭、思考人生的意義。

　　我們不能再肆意揮霍時間，應多留一些時間給家人，一些給自己從容獨享。

　　五年、或十年，時間的長度始終不變。我們擁有的時間，不會比別人多了或少了，請好好把握年輕的這五年、這十年，為心中的理想國度盡一分綿力。

目錄

第二章　面對面

第三章　灼見

第四章　祥看

第五章　拔萃情懷

後記

附錄

第一章

五年、十年

緣起：他們為甚麼而寫

一年前，在拔萃第二部曲《五十年‧細說拔萃從前》出版的茶會上，有舊生對我說：「我們的故事講過了，也該讓年輕一代，說說他們的未來。五年，十年，二十年後，他們會變得怎樣了。」

一年過去，收到的文章不算多，但很有代表性。Georgia Wong（哥哥是舊生），她今年會到英國劍橋讀書，寫了篇「十年後的我」，思路清晰，很有文采。

十多年前到小學觀課，班上同學在我背後扮鬼扮馬，其中兩位站在身旁，一位是 Eric Lin，另一位是 Philip Wong。Eric 劍橋畢業後，到美國深造，Philip 則在美國念書，這位運動健將、足球好手，畢後會做獸醫。兩人都有來稿，書寫未來。

年紀輕輕的小朋友，投稿過來，登，還是不登？登，當然登。Aiden、Emerald、David 仍在念小學，文章有稚趣。五年後、十年後，他們該會很不一樣的了。像 Ambrose Ho，十多年前第一次見他，在念小學一年級，如今他在牛津大學念法律課程，該畢業了。

來稿的中學生有 Ryan、Myran、Cody、Edwin、陳光庭、Alanis、Alexis、Eugene、Janson、Lucy、Kin Chi、Terry、Georgia；大學生有 Samson、Rohit Verma、蕭凱恩、惲浩翹、

Brandon、Archie、蕭善鎂、譚晉森，各有各寫，文章都好看。

緲佳宏、滿依凡、關嘉利、鄭潔明、彭啤、鄭丹珊、朱芸編，都在他們的工作崗位上，展現才華。

三十多篇作品，包括繪畫，還有 Jim Leung 的校園攝影，俱屬佳作。

十多年前到小學觀課，班上同學在我背後扮鬼扮馬。

疫情期間，遇見同學

　　與小學同學拍照留念，讓我想起，近二十年前一起合照的同學，如今有已大學畢業，有已到社會工作的了。

　　書寫未來的作品者，有仍在念小學的，「不要叫人小看你年輕」，誰知道二十年後，眼前的小朋友會變得怎樣呢。書寫未來的年輕人，對將來充滿希望，他們有自信，對自己的人生取向，態度是積極的。五年、十年，拔萃依然燦爛，我們的下一代，也會如此。

　　拍照後，與同學握手，說聲再見。同學的媽媽告訴我：「孩子的爸爸也是你以前的學生。」

十年後的我

Aiden Leung
（小四學生）

　　十年後的我，就可以去考車牌，不過，我一定要買一輛鐵皮較厚的車，交通意外的時候才不會受傷。最後，我決定要買一輛吉普車，因為我想環遊世界，英國、日本、美國⋯⋯我現在很用心學英文，這樣才可以和外國人溝通。我還想知道到時候的老師是否像現在那樣溫柔？還是加倍嚴格？到時要看現在的課本，可以溫故而知新。

Aiden Leung 和媽媽 Kaman Lee（李家文）合照

　　我要發明一部時光機，還要帶我的朋友子鋒和他的哥哥一起去旅行，我打算去英國吃炸魚薯條和英式下午茶。我要記得帶常識書，因為那裏有寫着「要由最底的一層開始吃」。那時，我就可以知道要花多少年才會到黑洞。

　　我應該在讀大學二年級，我會很開心，因為可以穿便服上學、去實習。我會像現在一樣跟爸爸媽媽一起打邊爐，我打鼓級數應該達到七級，不過我想還不要表演好了，因為我一坐在台上就常數錯拍子。我十年後要再看這篇文一次，看我猜中了多少。

My School Life

Emerald Bai

Hi! My name is Bai Emerald. I'm eight years old, almost NINE. I enjoy studying in Maryknoll Convent School. My friends are always kind to me. They always create some fun games when I'm bored. When I forgot to bring my snacks, they would share candies and  chocolates with me. When my birthday comes, they will buy me my favourite presents. I cherish a very happy school life.

Being a Boarder

David Bai

Hi everybody! My name is Michael David Bai. I am eleven years old. I am a Diocesan Boys' School grade five student. I attend Boarding school. I attend it because I want to learn how to have self-discipline. Boarding school is near DBS. So every day after school, I walk to the secondary school and go inside the Boarding school's cafeteria and wait for lunch. Let me tell you my Boarding school life.

In the Boarding school, we need to follow the rules. We aren't allowed to run inside the Boarding school. If we break the rules, we will have to copy the rules. We are allowed to bring our computers, cellphone...but at night we need to give all our electronic devices to our teachers. In Boarding school, we have many places to play and we follow the timetable. In boarding school, we have a mini library, cafeteria, study room. From 4:30 to 6:30, we study and do our homework...I enjoy my boarding school life.

From left to right: Edwin, David, Emerald.

School Life in UK

Edwin Bai

My name is Edwin Bai. I was once in Diocesan Boys' School primary Division for six years. Then, I went to the United Kingdom to study. Now I am studying at Harrow in London.

Life in UK is different. Not seeing my family for months was hard to start with. However, with all the academic work and tasks I was given, I overcome being homesick shortly. Harrow keeps you busy but at the same time, it gives you an opportunity to try anything you enjoy. One of the most enjoyable things in Harrow is boarding. I live in a dorm with sixty other boys. We spend lots of time together and we help each other out.

The journey of Harrow has just started. I'm trying to improve myself in all aspects and I have a lot to learn in the coming years.

五年後‧十年後

高喬思 Alanis Ko

五年後的我會是怎樣呢？2026年，我便是一位將會考文憑試的中學生。我的志願是成為一位偉大的獸醫。世界氣候開始變化，很多動物都因這樣而患有疾病，我希望能夠拯救不同類型、大大小小的動物。我會以努力奮鬥和鍥而不捨的精神，期望可以考入獸醫系。

與 Mr. Orca Tsang 愛犬 Chowder

假如五年後的我真的成功入讀獸醫系，我可能會在香港城市大學就讀，亦可能會到外國留學。如果我在十年後真正成為一位獸醫後，十年後首隻我會醫治的動物又會是甚麼呢？會是體型比較龐大的，還是細小的寵物？我的感覺絕對會是既興致勃勃，又心如刀割，看着那些痛苦的動物，我的眼淚宛如斷了線的珍珠一顆一顆掉下來，真是百感交集呢！

現在我正在讀中一。我覺得我要認真學習，別半途而

廢，竭力向目標進發！所謂「謙虛是一種美德」。謙虛的人不自大、不炫耀自己的長處，經常保持冷靜，檢視自己的弱項，不斷進步。虛心的人學習慾望強，喜歡從各方面求取新知識，為自己爭取更多學習機會，成功的機率遠比驕傲的人高。所以即使學業上有幾好，也要謙虛。因為它是一把通往成功大門的重要鑰匙。反而，如果我經常懶惰，不發奮就絕無可能實踐我十年後可能達成的「獸醫夢」，和各種我很喜歡的大大小小、不同的品種動物朝夕相對……，很期待這又刺激及充滿奧妙的日子來臨！

　　既然任何人都不能知道未來將會發生甚麼事，不如腳踏實地面對現在的挑戰，為未來的志向努力！

左起：Eric、Alanis、 Jacqueline、Alexis。

十年後的我

陳光庭 Dathan

有人說十年是一個歲月的符號，我認為十年是一個既漫長，但亦是一個瞬間即逝的成長過程。十年前的我剛三歲，還是在牙牙學語，現在已經是一個中二生了。正如人們說：「十年樹木，百年樹人」，十年的我會變成怎樣呢？想着我能坐上叮噹的時光機，或可以走進隨意門，找到十年後的我……

走出時光機，迎面而來的是一位高大俊朗的年輕人，他有一雙濃密的眉毛，大大的眼睛，短而清爽的頭髮，他就是十年後的我。23歲的我應該是一位忙碌的實習醫生，在醫院裏每週工作80至90小時，不眠不休。每隔兩三天便要連續當值工作30小時。

實習醫生的工作才是真正學習的開始，在這一個星期的90小時當中，一定有苦與樂。從早上六時起床，快速地吃點早餐便回病房工作，一開始巡房、收症、出藥單、看報告、出報告、各項檢查、大大小小的瑣事也要努力地完成。最怕的就是教授們和高級醫生來問書，既怕應付不了他們問題，又怕浪費了時間沒能準時完成工作。這一年我最期待對方的朋友就是「休息」和「用膳」，但每當我希

望接近它們時，便被人傳呼去工作。

工作雖然繁忙，但仍會有點甘甜的時候。我相信我會遇到一些友善的師兄師姐，教導我更多醫學知識，會遇到一些有愛心的護士，會遇到感恩的病人。在這一年間不知不覺中成長。看到病人康出院，更辛苦也是值得。每天工作雖然繁重，但和整個團隊一起拼搏，努力地克服一個又一個的挑戰，好好珍惜每分每秒，這一年應該一瞬間便過去了。

回到現在，為了能夠達成我的夢想，我要孜孜不倦地學習，爭取每個學習的機會。十年後的我，希望能夠成為社會上一棵茁莊成長的大樹，為社會服務。

DBS Foundation Pavillion
A Sketch by Dathan

運動‧學習

Terry Lau

　　古語有云：「莫輕易，白了少年頭，空悲切」。十年後的我，是否活成了自己想要的模樣呢？人的一生彷彿漫漫長夜，時間卻猶如箭一般飛跑着，十年如同傾瀉而下的瀑布，很快就過去了。轉眼間，我已經告別了小學生涯，不再是那個天真稚氣的小男孩了。2025 年是我人生的分水嶺。這一年我要為我的將來下一個審慎的決定：當網球選手還是專心一致上大學。過往的日子裏，父母都希望我能夠在學業和運動中取得平衡；然而，事關重大的中學文憑試近在眼前，這個決定權交到了我的手中。

　　或許，我選擇了一條名為「夢想」的冷門小路，放棄學業並進入了職業賽場。正所謂「台上一分鐘，台下十年功」，運動員踏上頒獎台的那一刻，光芒四射的獎牌令人羨慕不已，但背後付出的努力和堅持又有多少人能夠明白？成為一名全職運動員並不是一朝一夕就能成功的事，不但要有持之以恆的毅力和堅定的意志，更要承受和面對旁人帶有偏見的目光和批評，實在難上加難。要知道，NBA 傳奇名宿高比‧拜仁的輝煌生涯離不開他那句經典語錄——凌晨四點的洛杉磯，這是一句籃球人無一不曉的勵志格言，他長期堅持早晨四點起床訓練，每天都要投進一千個球才結束訓練的態度怎不教人敬佩。起初高比的職業生涯也並

不是一帆風順，當年的選秀大會上也僅以第十三順位被選進洛杉磯湖人隊，卻憑着刻苦又好勝的性格，他凡事都追求極致，最終奪得了五座總冠軍。更讓後人明白一名天賦平平的普通人如果想要出人頭地卻又不想付出努力簡直

天方夜譚，空中樓閣。現實的我雖然對網球充滿熱情，但也明白到這項職業的競爭有多大，選擇了這條路更是沒有後退的機會。即使有家人的支持，依然相較於讀完大學後找一份收入穩定的工作艱難得多，可謂人生中最重要的決定。

工作

Catherine Chu

五年前的我在疫情底下正準備應考文憑試嗎？過去的中六是很特別的一年，學校的活動幾乎一一都取消，而停課的日子亦比上學的日子多，就算上課也線上課，大家都見不到面，很遺憾沒有經歷一個完整的高中生涯，而停課的日子卻令我能夠有更多的時間與家人在一起，亦令我學會珍惜眼前所擁有的東西。而五年後的我

應該已經大學畢業投身社會，但可能並非如想像的一樣，或許當年分數不夠升不到大學，又想找一些比較非一般的工作，所以我申請了美國太空總署的招聘研究人員臥床 60 日。這樣可能更令我的人生有不同的經歷又充滿了意義。

將來

高雅思 Alexis Ko

　　每晚閉上雙眼儼如燈光調暗後的劇院般，接住是車載斗量的小劇場在我腦海裏上演。五年、十年後的我到底會是怎樣？我將來到底想做點甚麼？這些問題倒難起我了，每次直到戲劇閉幕之時，我終究沒有一個確切的答案。

　　面對人生一個又一個的十字路口，我一向清楚知道自己不喜歡甚麼，但自己究竟喜歡甚麼，想了又想，想了很多很多遍，我還是不清楚。說真的，有時候看到同儕各有其方向，朝着目標努力奮鬥着，心裏難免會泛起一絲羨慕、一絲無奈、一絲愧疚。一直以來，我都只是用「排除法」去作出選擇。三年前，高中選擇選修科目如是；如今，選擇大學科目，同樣如是。

　　五年後的我，經已大學畢業了，會選擇投身社會工作，或是繼續在無涯的學海裏，不斷拚命的游着，攻讀碩士、博士學位？我想，那定必是另一個十字路口吧。那時的我，會依舊用上「排除法」，還是有幸找到了自己的興趣、方向呢？

　　十年後的我，投身到社會工作，會是滿足的做着自己喜歡的工作，或是終日營營役役？那時，可能事業發展停滯不前，要繼續堅持一會兒，還是選擇放棄目前的工作，嘗試點新事物呢？又或是正值事業的高峰期，獲以出國發

展的良機，偏偏又有放不下的那一個他。留下抑或離開，事業還是愛情，又是個十字路口。

人的一生總會有指不勝屈的十字路口，要我們作出一個又一個選擇。有影響一生的，也有微不足道的。我們總會思前想後，衡量着現實與夢想。但與其機關算盡，倒不如跟隨自己心之所想作選擇。沒錯，可能會比別人多走「冤枉路」，但同樣會走過別人沒有走的路，得到別人沒有得到的經驗。無論將來的自己會在哪裏，會在做甚麼，我想，我不會後悔。

五年、十年的時間，說長不長，說短不短，途中可以有着恆河沙數的變化。以前我會對充滿未知的未來而感到惶恐不安，害怕街角那間咖啡店、身邊一個人，會伴隨時間離自己而去。可現在我漸漸明白，既然無法預知未來，又不能慢下時間的巨輪，倒不如嘗試慢下自己的步伐，多點到街角那間咖啡店坐上一個下午，遙望夕陽徐徐落山，遠方最後一抹陽光在夜色降臨前，盡情肆意綻放自己的光芒；珍惜與朋友家人相處的時間，製作更多屬於彼此的回憶，即使世界如何改變，這些回憶依舊烙印在心頭，用另

一種形式陪伴着自己。

　　將來究竟會變成怎樣，無人知曉。即使有着周密、巧妙的計謀，總會有些意料之外的事情。當下最重要的，是發掘自己的興趣、做自己喜歡的事情，有意義的活着，好讓五年、十年後的自己無悔。

Ten Years

Eric Lin

Ten years are enough to completely change a person — my past self could probably never have imagined that I would arrive at where I am today.

One decade ago, I had just graduated from Diocesan Boys' School. My memorable journey there had prepared me well to face future challenges in life, but while I was certain of my own ability, I had no idea where I wanted to apply the skills I had acquired. Being young and inexperienced, I rarely thought hard about what kind of life I wanted to pursue, preferring to take life as it came. As a result, my

path to the present took many years of trial and error before I finally found a direction in life that I could truly say I am passionate about.

Currently, I am deeply engrossed in computer science research, despite my undergraduate degree being in mathematics. After that long period of time where I seemed completely directionless, I now feel particularly fortunate that I was able to find something that deeply interests me.

Looking onward to my future, I can confidently say that I will still be finding enjoyment in my research, savouring the satisfaction of contributing to scientific advancement. I only hope that in ten years, I will have achieved enough to feel comfortable with rewarding myself more free time and space to relax. Without any more worries, I would love to travel more and experience new things, connecting with DBS old boys and past acquaintances, and meeting wonderful new people around the world.

Me in Ten Years

Eugene Lau

Opening my weary eyes from my last slumber under Mother's guardianship, I took a final glance at my home, in a different way. I looked at the cozy nest, every small branch meticulously and relentlessly constructed, just for me. Turning my eyes back to Mother, she had disappeared. A sudden uneasiness surged through me as I felt insecure, unguided, and most of all, independent. At that moment,

Eugene on site painting photo

Mother emerged from the immense sky and descended into the nest. A tremendous relief filled my mind as I stared at her food-full beak. She had flown across the colossal land, diligently in search for nourishments, just for me. I pondered about my last day under Mother's security, after ten years of protection and education, she had mentioned, "Your day of leaving is coming soon. Be brave." Without a doubt, I knew today was the day.

I savoured my last meal from Mother, scrutinizing her face. She displayed a reassuring, sympathetic look, encouraging me of my future days. I finished my last worm, tasting its juicy lusciousness and delectability. An eccentric feeling waved through my nerves as I glared at Mother, unsure and restless. She responded with a nod, her expression telling me to be confident and courageous. Immediately, my apprehension evaporated, and my independent journey began. A breeze of unfamiliar wind blew past me as I extended my miniature wings, heading to the sky. Flapping my wings, it felt peculiar, yet free, like a sand grain in the gargantuan world. Hastening towards a pond, I suddenly recalled my past. Since I had become a hatchling, Mother had nurtured me in distinct ways. The most memorable experience which had affected my character was that six years ago. I was a timid juvenile and was told to seek food by myself. Unfortunately, an undesirable gushing rain started, and my reluctant body couldn't endure it but to shade myself under a leaf. After the rain had passed, Mother was disappointed and severely disciplined me. Her chastisement struck my heart, and a sudden hatred was built up. The next day was mostly unpleasant, with thundering storms accompanied by rain. However, Mother's words stung in my brain and my perseverance paid off. A mousling had laid in my beak as I comprehended the berating of Mother was for my own good.

Landing on my destination, I observed the pristine, uncontaminated pond, majestic mountains and unmerciful predators. I stood on the coast, and compensated for my independent life, knowing my need to stay alert, vigilant and intelligent when obstacles struck. Unaware in deep thought, a ferocious eagle suddenly surged towards me. My consciousness escalated, but shuddered in fright at the sight of the predator. However, the calming voice of Mother ricocheted in my head. Be Brave. Hearing her supportive custody, my confidence sprang up as I tried to escape from the threat. I flew at my fastest speed, with unimaginable velocity I backed up my stance. All of a sudden, a swoosh of unbelievable speed became audible. I turned my head and in horror, the eagle was catching up. I was slowing down from fatigue, and tiredness was overwhelming my body. With feathers soaked in sweat, I evoked my past experience and my acknowledgement. Perseverance. With my residual energy, I flapped my exhausted wings in mental strength, in perseverance. In a drastic decrease of consciousness, I felt impotent just as I noticed a nearby forest. With my remaining breath, I blended into the woods and landed on a branch. Praying that my predator wouldn't notice me, I sensed my rise in heartbeat, diminishing strength and uprising anxiety. The eagle didn't find me. I compensated for the past incident, realizing the impact of Mother's lessons. Perseverance had vastly assisted my survival and through this live-or-die scenario, I had acknowledged to be prepared for anything, as my new life was spontaneous and unexpected. Furthermore, Mother had taught me how a good foundation was crucial for my life.

As Albert Einstein once said, "Life is like a riding bicycle. To keep your balance, you must keep moving." Life is abrupt and frequently contradicts our favour. To hold on and not be suppressed, we should have diligence, determination and persistence — keys to a great structure.

With an educated and sublime mental strength, our instincts would be well suited for dilemmas, and would never be inhibited to reach our destiny. Reaching my memory back to my childhood, I found myself assiduous and resolute in my education, and on my independent days, I would thrive in unpleasant conditions and seek nutrition effortlessly. Unexpectedly, a burst of rain fiercely descended from the clouds, at that precise moment my stomach gurgled. My hunger wouldn't be unsatisfied by a shower of rain and, with determination, I spread my wings and scoured for food.

Recalling 10 years ago, I finally apprehended the celerity of time and how oblivious I was that 10 years had passed in a wink. The disclosure of time's rapidity had given me the realization of the importance of its existence, and its impact on our every action. I had also perceived to cherish time, every day, every hour, every minute, even every second, as that could cause me to induce troublesome issues or allow me to attain my objectives. Unfortunate occasions may appear through time, but I had grasped to not linger on my past, but to thrive my best for the future. I had also realized the ability of determining our lives by time, and I should eagerly and deliberately make a change for my better.

I pondered on what had made me who I was today, making ethical decisions and being a diligent character. My perseverant childhood had brought me today, but what would bring me tomorrow? Would it be now, or never? I envisioned my future self, aspiring to be successful, benevolent, and having great integrity. How would I obtain these characteristics? Thinking back, the capability of time can change anticipated situations into unexpected conclusions, all of which might possibly be fortunate events or catastrophes. I soared through the air, feathers sodden by the rain. In the corner of my eye, a negligible robin stuck in a tree branch was visible. With a decisive and unwavering mind, I approached the bird and did what was right, did what I considered benevolent, achieving my first goal.

In Five Years' Time

Janson Lui

One of my hobbies is looking at old pictures of myself as taking a trip down memory lane allows me to recall my childhood memories and unforgettable moments. Sometimes I wish I could turn back time and return to the good old days. Those were the times when I didn't have to bear much responsibility and make decisions by myself. Life back then was simple and sweet as honey, there weren't any stress, obstacles and challenges.

However, I know there's no such thing as time-travel, the rewind button I'm looking for doesn't exist in our world. We could never change our past, the only thing we could change is our future. I often remind myself that dwelling on my past won't bring me a better future, eventually, I have to move forward and get on with my life.

Every night before bedtime, I tend to spend several minutes reflecting on myself and thinking about my future. I ask myself, "What happens next? What kind of person will I become five years later? What goals do I have to achieve in life? What challenges will I face and how to overcome them?"

Fast forward to five years later, I'll be 20 years old and will be studying in University. The most important thing is—I'll become an adult.

To be honest, becoming an adult is one of the biggest fears in my life. I feel like I'm not ready yet because I'm

Janson with mom and dad

afraid of making mistakes. Although an adult enjoys more freedom, such as getting a driver's license, drinking alcohol and dancing in clubs; such freedom comes at a price. The more freedom we have, the more responsibility we bear.

Becoming an adult means I can't rely on my parents anymore. I must learn to make my own decisions, control my thoughts and emotions, choose my own path and deal with my own problems. My parents have been standing by my side ever since I was born, therefore stepping out of my comfort zone will not be an easy task.

Moreover, I must find a way to survive in our society. Society is a battlefield. There are both allies and enemies. Artist of the decade winner—Taylor Swift once said, "There are going to be people along the way who will try to undercut your success and take credit for your accomplishments, all you have to do is focus on your work and don't let those people sidetrack you."

In reality, I must learn to conquer my fears. In order to become a mature person, I have to stop finding excuses and start making changes. I'll start by making a five year plan. In the upcoming five years, I won't be afraid of making mistakes; instead, I'll take responsibility for my actions and gain experience from failure.

Right now, besides planning for my future, I should also focus on my studies, enjoy the rest of my secondary school life in DBS and cherish my youth. So one day when I look back on my past, I'll have no regrets.

To me in five years: I believe you've already become a mature adult and are living a fruitful life. If you don't mind, hope you could write an essay like this every five years. It could be about personal experiences, life lessons, interesting discoveries, etc. If life is a story, you and I are both the protagonists. Although may face setbacks, obstacles and misfortune, we have the power to overcome these difficulties and create a better future. Never give up and bow down to failure, remember that we're the masters of our own fate and captains of our own destiny.

Future

Lucy Chen

My life up to this point in time (August of 2020) has been a mostly easy journey in schooling/ education. But mentally it's proven to be harder. This year I'm in Grade 7 and where I think it's no longer hard to manage my stress and balance my daily life. Although nothing changed  with a flick of a switch it's taken a long time to work to a place where I can say I am happy, not "okay" or "fine", genuinely happy. With my emotional state looking a lot better I was able to go into high school, where a lot of things were different (especially learning), without an anxiety-filled mental portfolio. This betterment of mental health has improved my life in general as well. Whilst in the past my emotions have hindered my performance in school I believe that I can change that in the following year. I still have some baggage to work through in the future but the future will hopefully include much improvement.

Subsection 1: High School / now

This year is my first of high school, although I have now started to consider the possibility of moving to a different (co-ed) school. As of now, I am at an all-girls school that I've attended since elementary school. The reasoning behind why I want to do this? Well to begin with I want a fresh start of some sort, throughout all of my school years, I have stayed at this school giving me almost an intolerance for some change. As well as the fact that in my current environment, I have a profile built up by those who around me, this affects my interactions with people. The main reason though, that this was important because moving to another school specifically this one will change the education I receive. With the courses that they offer, I can apply for international universities and better schools. I believe this is the right move.

In five years, I want to have graduated from a co-ed school with an IB degree and applied for multiple universities. My brother obtained his bachelor's degree at the Australian National University (ANU) and I would like to attend there as well. I would most likely do a double major in finance and law. I hope that I can live up to the other's expectations and my own goals. Other than education and learning I hope that in life in general I guess; I just want to have figured out what my true motivation is. Not something temporary or fake. True motivation. A life goal. In 5 years, I want that motivation or encouragement to be set in my mind so that I can create my mental stability and happiness with only the encouragement of others not relying on them.

In 10 years, I hope that I could have figured out completely what I want my future to look like as well as how I can work towards my ideal. Right now I think that what I must have in life is happiness, educational goals, and social life. But have my life revolve around something I am proud of. Right now I would like that to be my career but I have no idea what would be most important to me then. I hope that I never have to rely on anyone then especially a man in my life. My goal is that if people around me disappeared suddenly, I could easily pick myself back up both emotionally and financially.

This is what I want to achieve in the next 5-10 years. From a young age, I have set goals for myself, so much so that it has become a habit. The goals I have set motivate me and I hope to look back one day, then seeing that I have achieved everything I wrote of today.

立志

惲浩翹 Nicklaus

近日暇時與家父話家常，語及其讀《論語・述而》篇。思及孔子不愧為萬世師表，生前教育弟子逾三千、編纂於古今中外仍有超凡影響力的《詩》《書》《禮》《樂》《易》《春秋》；死後其弟子及再傳弟子編撰闡述其言行思想之儒家經典《論語》。《論語》記錄孔子之語言、諸儒之討論，涉及政治、教育、哲學、處世之道理。其中《論語・為政》提到子曰：「吾十有五而志於學，三十而立。」立，立家、立業、立身也。距三十尚有六、七載之久，唯彼時能「立」者，有何許人？

立家，建立家庭也。取其狹義，娶妻育兒。《禮記・哀公問》：「敢問為政如之何？」孔子對曰：「夫婦別，父子親，君臣嚴。三者正，則庶物從之矣。」可見妻子好合，如鼓瑟琴之夫妻關係，乃是為政的根本之一。然誠如佛家所云：「一切有為法，皆是因緣合和，緣起時起，緣盡還無，不外如是」，緣起緣盡，皆是定數，無法強求，唯先擱置避談。立家，取其廣義，雙親兄妹，又何嘗不是家庭的一部份？有幸生於小康之家，上有劬勞聖善之母、無微不至之父，下有敏而好學之妹。「孝弟也者，其為仁之本與」，初出社會，望能報答父母之恩，事之以禮，父母之所愛亦愛之，父母之所敬亦敬之，以盡孝道。

　　立業，事業有成也。孔子三十開班授徒，雖「少賤而多能鄙事」，卻因「志於學」而聲名遐邇。遙想各三國豪傑當年，亦於此齡為將來的偉業奠基：以信義昭名之劉玄德，三十歲時因屢立功勳而升為平原縣令，其樂善好施、寬厚仁義之名深得人心。使得及後北海相向其求救抵抗曹操，後再有赤壁之戰等著名事跡。又有魏武帝曹孟德，三十時被漢靈帝任典軍校尉，後於陳留號召天下英雄討伐董卓，威信於四海聞名，其懲辦豪強之作風及兵法之精通更為後世所傳頌。然成功者非都一帆風順，孟子謂「故天將降大任於是人也，必先苦其心志，勞其筋骨，餓其體膚」，故劉玄德曾被朝廷遣散逃亡、曹孟德曾因不願迎合權貴而隱居。縱使步履維艱，仍要莫忘初心，「譬如為山，未成一簣，止，吾止也；譬如平地，雖覆一簣，進，吾往也。」成敗往往也只一念之差。學而優則仕，念及自己有經濟和法律之背景，立志為社會辨明是非，於三十立業之路可謂了然可見。盼即使前路充滿暗湧，亦能像顏回一樣「三月不違仁」，堅持下去，正如子曰：「歲寒，然後知松柏之後凋也。」

　　立身，尤為重要，其之根本為仁也。《論語・里仁》中的：「君子去仁，惡乎成名？」可見仁之重要。何謂仁？依吾愚見，仁有內、外仁之分。內仁指自身之德行；外仁指對外之德行。外仁，「視思明，聽思聰，色思溫，貌思恭，言思忠」。待人要臉色溫和，言詞謙恭，人不知而不慍。內仁，子曰：「克己復禮為仁。非禮勿視，非禮勿聽，

非禮勿言，非禮勿動。」該當在此滿佈誘惑之社會中約束自己。子又曰：「己所不欲，勿施於人。」該當有同理心，顧及身邊人的感受。子亦曰：「古者言之不出，恥躬之不逮也。」該當重守承諾，決不輕許諾言。要成為「仁者」，須內外兼修。「見賢思齊焉，見不賢而內自省也。」多與賢者切切偲偲，見不賢者，擇其不善而改之。唯冀自身能做到居處恭，執事敬，與人忠。「不患人之不己知，患不知人也」，求諸己而不求諸人。遇到「不己知」之人，能處之泰然，寬容對待；砥礪自己，躬自厚而薄於責人，避免成為「不知人」者。於將來法律之道路上，能知而不惑，莫要道聽而途説。然孔子尚未能自居「仁人」也，吾亦只能竭才而從之。

《禮記・大學》中道：「大學之道，在明明德，在親民，在止於至善」。吾該以修身為本，從格物、致知、誠意、正心，以成修身、齊家、治國、平天下。雖未望與孔子、劉玄德等聖賢看齊，但願不負父母、自身所望，為社會作出貢獻。盼此文立志，五年、十年後回想亦能自豪。

It has been an absolute joy being given the opportunity to write an article talking about my thoughts for the future. Having been based mainly in the UK for the past 10 years, I deeply relished the chance to reconnect with my roots by composing a Chinese article, which I haven't done in many years.

To give some context to what I wrote, I have always been a very mathematically and logically based person for all my life. Since secondary school, I have highly favoured science subjects, and I graduated from the University of Warwick with a degree in Economics. However, there has always been a big degree of uncertainty and internal conflict with regards to future career choice, and one day as I was applying for jobs I decided that my true passion lay in the Law.

Luckily for me, as mentioned in the article above, my family fully supported my decision and the family circumstances allowed for me to pursue my dream, and as such I am currently completing my Master's degree in Law at The University of Hong Kong, which actually gave me the inspiration for the closing paragraph of the article by using our school motto.

Although there has been significant clarification of my path moving forwards, when Mr. Chang suggested me to write an article for the book it allowed me to take some time and reflect on what I envisioned moving forwards. I came to the conclusion that my dream was to be a judge, as I would love to embody the law and serve the people to hopefully make the world a better place. However, I realised

與好友相聚

俯望倫敦美景，細想香港風情。

that even if that wasn't the case, I could envisage myself being a defence barrister, or even a prosecutor, and I would be immensely proud and content. Upon further reflection, I came to the conclusion that this was due to my experience and my "world view", and hence I decided to write a Chinese article heavily based on Confucius and his ideas as I do strongly believe in a lot of the ideals stated above, and I hope to continue forging on to tackle any challenges that may come with a positive outlook and a solid ethical foundation.

奇異恩典

蕭凱恩 Michelle

　　我的生命，以四個字來形容，就是奇異恩典。雖然失去雙目，不過天父賜給我實在很多，令我非常感恩。成長期間，無論是父母對我不離不棄，師長的有教無類，朋友的接納包容，都讓我感受到這個世界的美好和快樂。我的未來，當然是由我的過去和現在衍生而來。故此，我會從我的過去和現在的成長經歷，對於五年或十年後的我作出推測或估計，衷心希望能夠有這一天。

音樂生涯的開端

　　我是爸媽的第一個女兒。雖然我不能看見，他們都會把我當作普通兒童看待，帶領我透過聽覺、觸角等感官去看世界。我對聲音很敏感，小時最愛的玩具，是玩具琴，吃飯也要抱着它們。記得有次一面吃粥一面玩琴，粥水弄濕了琴鍵，其中一個就這樣壞了。到了三歲時，有個朋友送了一座電子琴給我，我的音樂路就開始了。有一次與爸爸出門時，在電梯裏與一年輕女子交流，得知她原來在大廈的另一單位教鋼琴。爸爸與她講及我失明的情況，她猶豫了頃刻，最後也答應教我。學習鋼琴對我來說固然是挑戰，對於這位老師來說亦是挑戰。為了讓我認識琴鍵的結構和音調，她把一塊凹凸貼紙貼在其中一個琴鍵上，並與

我一起唱音階（scale）。她彈一句，我跟住彈一句，就這樣開始學到一首又一首歌曲。

　　音樂是我生命很重要的一部份，就像我另一個妹妹一樣，與我一起成長。雖然看不見，練習過程要　心多用：同時摸讀點字樂譜、聽着樂句和把學到的記在腦裏。雖然如此，我非常享受練習的過程，看着自己的進展，每練好一首歌都會有很大的滿足感，無窮的快樂。由於我對音樂的熱愛，爸媽不需三催四請，我就會自動自覺預時間練琴。從我小學開始，就有參加校內的歌唱比賽，雖然年年獲冠軍，我總會練習態度認真，從不自滿。為了知道自己真正的實力，我又開始參加區際、全港公開歌唱比賽。令我最深刻的比賽，是 2011 年「中國達仁秀香港精英爭霸戰」，當時我在電視上得悉此宣傳片，立刻告訴爸爸，請他幫我報名參加。到了比賽場地，那裏人山人海，參加者由六歲到六十歲都有，表演各適其適。坐在鋼琴前自彈自唱，當時只一心把歌曲唱好，想不到我的演出感動了惠英紅、黃宗澤等評審，獲得總冠軍。由小學開始就有「大忙人」的花名——每次同學打電話給我時，我不是去了學鋼琴，就是去了參加比賽。雖然一面讀書，一面學音樂，固然有時會

疲累，但從不厭惡，只因我喜歡音樂。

音樂給我信心，跨過 DSE 大關

　　到了中學，我從特殊學校轉讀一間傳統女子英文中學。在溫習繁重的課業同時，我亦經常應邀出席不同演出，有時一放學就要立刻換衣服然後趕去演出場地。我當時的目標，就是在大學修讀音樂。在香港的教育制度下，學生必須在核心科目與選修科目得到理想成績才能修讀本科。我從初中開始，各科成績都很一般，不是出眾。到了高中，數學科更是一落千丈。在上課時，成績較好的同學往往會被老師和同學注意和認同。當時的我，覺得自己成績不夠好，有時都很自卑。在學校唯一令我最有自信的時間，就是音樂課和合唱團排練。合唱團每星期一要排練兩小時至晚上六時，一些同學到了高中都因為讀書等種種原因而陸續離團，而我仍然很期待每次的排練。不過回歸現實，要考好中學文憑 DSE，就是踏上大學音樂路的重要台階。人生某些階段總要取捨，想達成目標必須付出努力，為了全心全意考好公開試，我決定暫時少參與演出。從考試一年前開始我幾乎每天放學後都要趕去補習社參加各科的補習班，直到十時多才有時間吃晚飯，再回家溫習功課。日日如是，連年廿九也要補習。過程中非常艱苦、疲累，與家人幽默的對話，柔和音樂的陪伴，能助我舒緩壓力，繼續努力。現在驀然回首，當時付出的努力都是值得的，因為

我能成為中文大學音樂系第一位視障學生。

大學音樂唔易學

升上大學，終於能夠踏進音樂世界了。參加不同迎新活動，很快就與同界同學非常熟落，大家一起上課、參加排練，從未試過享受學習的滋味。這裏的音樂課程都算全面，由音樂演出、教學、音樂治療等都有，讓學生自由選擇。不過一個硬幣都有兩面，音樂亦是如此，在令人快樂的同時亦會為我帶來壓力。到了三年級，需要修讀有關十二平均律的核心理論課程。換句話說，以為讀中學後就不須再接觸數學，怎料數學無處不在，20世紀作曲家就是根據每組數列的規律來作曲。面對複雜的題目，當時有點無計可施。幸好，熱心的師兄在課堂以外時間為我釐清不明白的地方；而我的同學，又不介意漏夜解答我不明白的地方。雖然與大部份同學一樣未能完成所有題目，最終考試總算及格。快樂時光過得快，我的大學生活，亦在很特別的2020年結束。對着電腦熒幕參與網上畢業禮，聽見自己以及音樂系同學的名字被讀出，看着熒幕呈現的照片，感覺很深刻。下午與同學回到崇基教堂與音樂系博士和書院院長拍照，雖然戴着口罩，這幾個月間大家關係都比以前密切了，更加珍惜見面的時間，一起為大學生活劃上句號。

從小喜歡音樂的我，一直為修讀音樂而努力拼搏。知道自己失明，學習上會比其他人進度慢、花時間，覺得自

己比起一般人更要勤力，是理所當然的。從中學開始，除了音樂演出，也會參加人道服務，到不同學校、女童院作生命教育分享，亦會到孟加拉、河南愛滋村等地方以音樂感染生命。進行服務過程中，受助者的笑容與鼓勵，都為我帶來難以用言語表達的滿足感，這份滿足感是我一直從事義務工作的動力。想不到我對音樂的堅持和熱誠，會為我帶來不少獎項、榮譽和社會人士的認同。我於 2020 年獲選為「十大傑出青年」之一，作為其中一個最年輕的得獎者，實在覺得非常榮幸，感謝香港青年愛樂樂團團長林啟輝的提攜，得到評審一致認同，實在是榮幸。

未來音樂獻社群

在五年或十年後，我應該已是碩士畢業，會繼續展開音樂事業。固然，在香港藝術、文化發展不如外國的普及。視障藝術家在香港音樂市場，就更難生存。一些機構會認為「我比你表演係畀你機會」，免費是理所當然。不過，他們忽略了這一點：我們學習音樂也要付錢，世上沒有免費午餐，希望大家把我們當作普通藝術家般尊重和接納，而不是可憐。在未來幾年，除了繼續透過演出、教學等展開音樂事業，我或許能夠定期舉辦共融音樂會。這是一個無分種族、顏色的音樂會，會邀請不同範疇的人參與，在分享音樂之餘亦會分享人生經歷，為自己發聲。政府在這兩年來想推出不同政策，特別在疫情底下紓解民困、振興

經濟、改善教育制度。在這些方面，最能為政府官員提出貼身、可行、持續的建議，不是單單依靠有經驗的專家團隊，而是有切身經歷的過來人。如果再結合專家的建議，政府的政策定必更貼身和有效率。希望我的「無色共融音樂會」，能夠給予他們一個直接平台與人分享音樂的喜悅同時，亦能為自己發聲，提出有用的建議給政府官員作參考。正如一個家庭，子女往往會與父母或親友交流，期間會彼此更了解、接納和包容，在社會上也是如此，得到不同範疇、特殊需要人事的直接見解，會為政府政策帶來正面影響。

總結

　　我的人生充滿挑戰和奇蹟，音樂是一位陪着我成長的老師，不但為我的生命增添更多色彩，還讓我把愛和希望帶給世界。我不知道未來的我會是怎樣，或許要面對更多挑戰，或為了達成目標而有壓力，不過只要有正確的價值觀和心態，每個挑戰都會成為了我達成目標的踏腳石。從小開始為追尋音樂夢想而努力拼搏，每個獎項都是對我的鼓勵，十大傑青這榮譽更是社會對我的認同。走到人生這階段才是一個開端，把音樂和生命貢獻社會和世界的開端。這個世界很大，除了音樂，還有很多興趣和領域讓我發掘。願天父繼續帶領我，以生命影響生命，以愛傳播希望給世界。

21 歲半

蕭善鎂

　　上一次會在自稱歲數時加上「半」，該是多年前勞作班上在作品旁寫下。21 歲的日子已過了一半，距離踏入社會的長跑又走近了一點。我很明瞭自己最愛的美食佳餚，例如：我特別喜歡魚介沾麵和吞拿魚蓉飯。但說及自己的將來，我輾轉思考卻未有明確的想法。慶幸地，我有不少念頭希望抓緊 21 歲的尾巴好好開始去做。坐言起行，現在開始建構未來也為時未晚。

　　兒時的我急於長大，我對未來毫無想法也沒有一些計劃，但正因其未知我更想加快「長大」的來臨，時常希望擁有叮噹的時光機，偷偷地窺探未來的自己。高中開始已自覺懂事，許多事情也能自己處理，犯錯時也早已學懂承擔。過去大學兩年，三個多月完結一個學期；閒餘時間接觸更多人和事，讓人迅速成長。我才突然醒覺時間過得愈來愈快，我有更多事情想做，一天卻沒有 48 小時。成長已是無法逃避的事實，發現時間一去不返，只好更努力去裝備自己。我未有清晰的前程思路，但目前這一刻我確實有許多許多事情想去做，想挑戰一下自己，想去闖闖世界。

　　張校長託爸爸告訴我寫一些關於五／十年後的自己，恰巧最近我行思坐憶都在幻想將來的我究竟想從事甚麼行

業，成為一個怎樣的人，擁有一個怎樣的人生。

最近看完《窮爸爸富爸爸》讓我對金錢的概念重新畫上了新的定義。我在學習寫網頁程式，也開始多看一些經典電影，重拾一些一直想做卻被惰性牽着走而擱淺了的事。2021年頭依舊在疫情下生活，天空久未放晴，人與人之間的聚會都被擱置，網上聚會好像還沒有普及化。我們擁有了多一點屬於自己的時間，這些珍貴且不留人的光陰讓我關注自己的內心世界，發掘一些新興趣；尋找五年後、十年後自己希望建構出的世界。

五年後，我理應大學畢業了。回想起過去數年，我曾在不同環境工作；對於重複性的工作，我感到十分厭倦。很多時候，一邊上班，腦袋開始盤旋思考如果我多出了三個小時可以做甚麼事，再來在想自動化科技將會怎麼改變工作模式，或者幻想如果這家公司可以建立制度等等天馬行空的問題。我無法想像置身辦公室迎接「九至六」的日子，但我期望在離開大學之前尋覓到自己喜歡做的事，將來進入的會是一間具挑戰性且有人情味的公司。數週前，我和友人談論對未來的想法，友人說：「我希望被某公司錄取的一刻，就如放榜考入心儀大學，晚宴抽獎活動時抽中大獎般的興奮」。我心裏的想法亦然。固然，香港失業率最近這兩年一直上升，有公司招聘新人已是幸運之事。而且，進入一家夢寐以求的公司只設想到理想層面，開始工作了又是另一個故事。但我希望五年後，開始工作的一刻，年

輕人如我是充滿着期盼，對未來是抱有想像和意義的。

　　美術指導劉君冬曾經説過「當你還很有衝勁去做一件事，你還算是年輕」，聽到這一番話時我内心有強烈的認同感。五年後，我希望還能保持着年輕且善良的品格，對身邊事物充滿熱情，放膽嘗試和敢於拼搏的精神。當與友人和長輩談起話時，我還能雀躍地分享工作和生活點滴。

　　生活中新鮮感和接踵而來的挑戰激勵我們不斷進步，且向着自己的理想邁進。每五年是一個分岔路，職場上汰弱留強，生活中與人道別。25歲之後，我期望自己已認清短線目標，繼續愛自己和家人。為夢想拼搏奮鬥，不被社會與現實磨掉稜角，作一個自信滿滿且熱愛生命的女生。

　　「成人的一天很漫長，一年卻輾轉就過去」

　　十年後的我，我理應在理想的軌跡上航行中，我希望友人、長輩和自己身體健康，朝各自的人生追尋。另外，還有一個小小的願望，希望可以把父親一生中詼諧有趣的大小事件拍成一部小短片。如果有空餘時間，和姐姐一起寫作故事，紀錄生命中偉大的父母和引以為傲的姊姊——蕭凱恩的成長故事。那本書會是我送給家人十年後的禮物。

　　風再起時，放膽追求屬於自己的天空。

蕭善鎂與父母及姐姐合照

蕭凱恩和蕭善鎂

五年、十年

Me In Ten Years

Kenny Lau Kin Gi

Time. It is an age-old construct uniting the past and the future, an ambiguous entity which carries the ability to dictate our lives. But to most of us, time is every tick and tock of our clocks, every pause we take during exams, every step we tread while rushing to work. Humans classify "time" into the past, present and future, and while the past and present has and is being inscribed in stone, the future is what concerns us the most.

The future is an unsettling place for our minds to wander around. Pause and think about it. How many days are left until that dreaded deadline knocks upon my door, overwhelming us with misery? How will we be able to cope with the loss of loved ones? On a wider scope, how much longer can humanity support their existence until ignorance and greed pushes the world to the brink of destruction?

The uncertainties of life make "fear" inseparable from "future". I can still vividly recall my distress and trepidation back in primary school after discovering that I performed hugely below my standards in a test. Haunting me at night was the terrorizing notion that I would not be able to enter secondary school. For a week I was reluctant to go to school, unwilling to step back into reality and come face to face with my fear of failure and incompetence. While it might seem hilarious to think about it now, in hindsight, what was most crucial was that I realized that isolation was not the way out. I managed to break loose from the chains of irrationality, and convert hindrance to motivation. While others might succumb to despair, I restored my mindset and was driven to work harder. I have since learnt that individual incidents are insignificant. On the contrary, it is the type of attitude we take up that unconsciously becomes internalized and permanentized, determining our future. Therefore I do not have a specific list of what I shall have accomplished in ten years' time; rather, I wish that I will remain willed, grateful, and be able to welcome challenges with open arms. As one of history's greatest minds, Churchill, once said,

"Attitude is a little thing that makes a big difference."

What I can envisage of my future at this stage of my life is anything but apparent. I am truly fortunate that the accommodating, supportive environment of the Diocesan family has allowed my talents to be cultivated and nourished, presenting me with plentiful opportunities and endless possibilities for my future. Nevertheless, I have found myself confronting more and more pivotal decisions as I near the end of my secondary education and is endowed with increasing responsibility and freedom. Just recently I undertook the nerve-racking experience of choosing the subjects that I wish to pursue for Grade 10 in the IB section, and most likely for the rest of secondary schooling as well. As the select icon hovered over the submit button below three ticked choices on my computer screen, I fidgeted uneasily on my chair. Playing over and over again in my mind was a journalist teasing a five year-old me, asking me what I wanted to do when I grew up. What struck me the most was that after nearly ten years, I still was not able to answer the very same question. Even more worrying was the possibility that I would not be able to answer it ten more years from now. The more I pondered, the more questions arose. Am I being too interest-oriented? Am I being overly optimistic? Am I ruining my future by choosing this subject? The mere thought that this Google Form was going to impact my life tremendously had me trembling. Intriguingly, I did not yearn for more subject options, and neither did I crave for more advice. Instead, I felt desperate for more time—time to catch up, time to contemplate, time for my emotions to settle down. Such is the nature of making decisions—we require time to undergo our own emotional roller-coaster. In ten years I aspire to have restraint over my emotions, refuse to be a slave of impulse and senselessness, and make the right decisions.

The rapid advancement of innovation and the inexorable shift in human values and needs make it an arduous task to foresee what the future holds. The past decade has seen the emergence and rise of industries that could never have been predicted by our ancestors, even in their wildest of dreams. Hydroponics, biohacking, even something as common nowadays as online retail... These are expanding businesses vastly different from those of the previous century. Entrepreneurs are taking to social media, abandoning their traditional physical marketing techniques which have been consistently disappointing them in current years. I can remember that on my IB Induction Day, the IB coordinator Mr. Wu displayed two lists showing jobs that companies want to hire most ten years ago and now. It struck me that even though it was just a short decade that had elapsed, there only a few "contenders" who remained on the current list. Furthermore, a 2018 publication from OECD (*OECD Social, Employment and Migration Working Papers, Ljubica Nedelkoska and Glenda*

Quintini) indicates that a staggering 46% of professions face a 50% to 70%+risk of automation, including massive and well-established industries such as construction, sales and manufacturing. While the eventual decline and termination of human participation in these industries may spell doom for many, for others, this remodelment is the heart of a blossoming future. Human creativity will be explored much deeper, its full potential unveiled before our eyes. Even more enthralling is the prospect that the efficiency of automation, combined with scientific breakthroughs will be able to effectively alleviate, or even resolve, the climate emergency. Therefore it is imperative to maintain an open mind at all times, especially in ten year's time, when humanity reaches an era of unprecedented change. Despite my interest in art and architecture, I must not solely prepare for these fields and limit my future. I must equip myself with essential skills that are applicable in various fields, and strive to be a pillar of society ten years from now. To serve, and to lead.

Truth be told, peering into my future is as if I were a fly at night, drawn to the alluring glow of a light bulb. The wild, idyllic possibilities of the future could be a glimmer of hope in these tumultuous, uncertain times. On the other hand, these hopes of a sparkling future could also be improbable, deluding me into desolation. As a whole, we should not place our focus on speculating future occurrences. Rather, we should be well-prepared to overcome obstacles of all shapes and sizes. We should be determined, gratified, sensible and hold true to our moral values. After all, our future is not hidden in some obscure realm, nor is it sacred and untouchable. Instead, it lies in the hands of every one of us, in front of our very eyes, ready to be sculpted.

Kenny on site painting

How Do You See Yourself in 10 Years?

Georgia Wong

There is a White Jade Orchid Tree in the backyard of my house. She stretches up, as if so proud to stand there under the sun. Over the years, I have come to think of this tree as a reflection of myself. When I gaze up to her in joy, her leaves gleam and glisten as if in harmony with the peace I feel; when I gaze up to her in sadness, she loses her zeal as if offering empathy through reciprocating my despair. Growing up, every year when summer arrives, as if on cue, I see beautiful white flowers blooming on her fresh, green leaves. But last year, for the first time ever, there were no flowers. The formerly thick and vibrant leaves now appeared sparse and lustreless. During past winters, her old leaves would gracefully pirouette to the ground, signifying a new beginning. This year, they dropped, faster and more than ever, still and lifeless. Looking at her wilted state, I was met with an overwhelming urge to lend her the strength to resume her former glory. But how could I, when I lacked this strength myself?

The year 2020 is an unprecedented experience

for humanity, taking its toll on each individual. People experienced loss, fear, loneliness. For me, this year gravely affected my mental health and exacerbated my anxiety. It seemed that everywhere I turned, the shadow of tragedy and suffering in the world obscured the meaning of any action. I felt like I was constantly wading in water, not drowning, but unable to escape. This year, I had to put my life on hold for a seemingly endless length of time. As someone who has a grand plan for my life, the events of this year were like a curveball thrown my way, shattering everything I had. I was utterly powerless in the face of an ever-changing, merciless world. 2020 is definitely my "quarter-life crisis".

However punishing this year has been, it is not without value. Being powerless and isolated from the outside world has forced me to turn inwards and confront my own consciousness. Through re-evaluating myself, I recognize that I have been devoting all my time to my academic aspirations, which has caused me to neglect my mental health and peace of mind. This realization led me further down the path of introspection, and I decided that I have to start prioritizing and refocusing my life around what is most important—happiness. But happiness is such an elusive concept, and notoriously difficult to achieve. Before

I can embark on a journey to find happiness, I first have to ascertain what happiness means to me.

In psychological terms, happiness refers simply to a mental state or emotional condition, commonly feelings of pleasure and satisfaction. But a life chasing fleeting moments of pleasure in a hedonistic manner seems hollow and empty. To me, happiness is something more profound. It refers to a life of well-being or flourishing, coupled with deep-rooted feelings of fulfillment and contentment. In other words, it is a steady and holistic state of well-being that is independent of the trivial fluctuations of mood and emotion.

After exploring the meaning of happiness comes the hard part: discovering what truly makes me happy. Isolation has granted me the privilege of self-discovery through reading. Picking up the philosophy books that had been gathering dust on my bookshelves, I find that reading for the sake of reading allowed me the time to savor the nuances of each piece of literature, and read them the way they are meant to be read. The more I read, the more I know. But I am not satiated by mere knowledge. I realize that I find joy in the process of contemplating, analyzing, and imagining. Luxuriating in the refined realm of intellectual and spiritual stimulation through reading philosophy, I find that happiness lies in the unlimited intellectual freedom to think, question, and find true wisdom. In the past, I have been hesitant to think of pursuing philosophy formally, as it is not a field conducive to the most traditional or lucrative of career paths. But this year, I found within myself the courage to pursue what makes me happy, relieving myself from the burden of convention.

Looking beyond the intellectual to the emotional aspect of life, I find that life's meaning and virtue is closely dependent on the depth of the relationships we form. Being with others is inherent to being human because everything that matters in life only has meaning in the context of human relationality. Language, for instance, means something only between people, connecting our minds, bringing us to communion. Morality—our questions of right and wrong—is not so much about conforming to an objective or universal moral standard, but about examining our actions and intentions in relation to others. Even one's self-identity is only meaningful in the presence of others. One's individuality—the qualities that make oneself—is developed in social relationships, and is only meaningful because others can recognize those qualities. Therefore, I decided to prioritize forming and maintaining deep and meaningful

Family photo: brother Marco, Dad Sunny, Georgia and Mom Stephanie relationships with the people in my life. To me, happiness is found in conversation, where people communicate, connect, and live life through understanding.

10 years from now, in the year 2030, I see myself as a person who has found true happiness. I hope I will have continued to pursue and make time for the things that I love, and I hope that I have discovered infinitely more things and people that make me happy. I feel that an indication of true happiness would be the ability to truly live in the moment. So I shall use this as a test. In 10 years, I hope to be someone who is content in every waking moment, someone who does not dwell on the mistakes and regrets of the past, or constantly worry and fantasize about the future. In 10 years, I will come back to my backyard and look up at the White Jade Orchid Tree, and I hope to see white flowers blooming once again.

二十年後的我

譚晉森

第一次接到這樣的作文題目時，我心中當下浮現了三個念頭。這篇作文本身的性質應當設定一種基於個人目前狀況的預測、還是心中對於一直渴望已久的目標所進行的描述呢？每個數量本身都包含着某種意義，而二十年這個數量對於我個人來說，又代表着何種意義？而至於對「我」這一個概念，我會選擇用生活中的哪一個層面來進行總結？

若要負責任地回答這篇文章的題目，必須要仔細探討一下「我」這一個概念。「我」向來是一個難以被定義、且甚為有趣的概念。讀心理學的時候，曾接觸到的個案當中有些患者缺乏內省，對自己在情感方面的認知，甚至是自己的喜好和人生目標的方向都不大清楚。佛洛依德將「我」分為本我和自我，而由於本我非存在於意識當中，所以組成「我」的一大部份則永遠難以被個人所認識。以佛教的觀點來看，「我」則被視為一種不存在的虛妄，是由人的主觀將所經歷的感觸當中從唯物世界區分為「我」和他物。還原論（reductionism）或許會對此表示意識的存在必須要有唯物的基礎方可存在，若缺乏特定的唯物基礎，如生理結構等，意識便無法存在。但雖然意識作為「我」存在的必要條件，其並非塑造「自我認知」和「社會性的自我」的決定因素。所以這篇文章會從以上兩個方面探討二十年

後的自我成長。

　　枚舉歸納法（Enumerative Induction）在自我認知當中
有着關鍵的作用性。枚舉歸納法的論證方式則是通過重複
的唯物觀察，發現在同樣的狀況和誘因當中，觀察結果都

是某現象的出現，而將得出這種現象具有成為恆理的可能性，而誘因和同樣出現的現象之間呈函數關係。而一個人通過反覆經歷某種體驗，其對這種體驗的感觸和結果在通過多次實驗後，也會在個人意識中歸納出恆理。因此一個人通過這些恆理來構建對自我的認識，通過這些恆理的認識，固定的個人意義才能夠被建立。青少年由於正處於探索期，對於這種恆理仍然難以歸納出任何固定的性質，所以對自我的認識極為不穩定，所以會通過下意識的角色扮演和各種新體驗，來給出一個固定的「我」的定義。在一個心理學實驗當中，一隻狗或猴子如果無法脫離反覆被電擊的實驗場境，那麼牠就會將這種處境當作個人存在的恆理，而出現持久性的低落情緒。由此可見，個人對於自我意義的固定性與枚舉歸納法有着不可分離的關係，所以本文會繼續使用此種歸納法來探索個人意義和認知的形成。

尼采認為「我」本身並沒有任何本質的意義，而人則通過以上所述的枚舉歸納法，在反覆的情感體驗當中創造出純粹主觀的意義，人則通過這些意義構建出自我的形象。如果自我構建本身可以被理解為函數，那麼可以肯定的是，在二十年的過程中，只屬於我主觀體驗的 X 軸所認定的 Y 現象，絕對會構建出一幅新的個人觀和世界觀。當中或許會有些過往對自身所認定的恆理被未來的經驗所推翻，而對於某些事物所歸納出的恆理會變得更為穩固。畢竟世上真正穩固且不變的恆理，則是數學概念的理想定義本身，

所有世上所存的唯物現象與個人間的種種關係，都逃不過這種歸納法的不完全確定性。

若以五年作為個人意義上的尺度，那麼總共有四個尺度。但每一個人在人生的不同階段經歷這些尺度，都會對其而言有着不同的意義。比如對於一個小學生的五年，和一個大學生的五年，對這一個長度都有着不同的體會。這些不同的體會將會聚合在一起，組成一個 41 歲的我。之前在路上的海報牆上看到一幅由大學生所創作的海報，指五年可以讓一個幼稚園生理解到香港教育制度的不完善性，可以讓剛從小學畢業的中學生學會透過會考來理解自己的人生，可以讓大學生成為能夠在職場上獨當一面的要員。至於那篇海報想用這個單位的長度表明甚麼意義，與主題無關，因此我選擇不在本文細說。但其卻非常清晰地表達了這種長度的意義。這一個單位隨着年歲的增長，則會越漸稀薄。對於一個五歲的我而言，這個單位是他人生已活長度的百分百。這個長度對處於這種年齡的孩子而言，當中的每一件事的意義都極具強烈地造就了他的個人。而對於四十多歲的我，則變為人生的八分之一。我相信當我 40 歲的那一年變得如此稀薄時，雖然在當中所經歷的事的意義不如五歲那般濃厚，但也能夠學會更好地掌握粥般的淡。

最後一點想要探索的就是，二十年後與我年歲的數字相應的責任和被社會強加於身的意義。人在每一個年齡階段，無論在任何社會環境當中，都被強加各種該做的事和

意義。儘管持右翼意味濃厚的傳統觀點的人可能會反對，但沒有男人一定要組織家庭，也沒有女孩一定要成為母親。對於新鮮的事物和想法，我認為我都不會因為 41 歲這個數字而卻步，而是更好地學會在已有的責任和個人的發展當中更好地經營出一片綠地。

再活二十年，若仔細琢磨回憶中的某些細節，可能會發現當時的自己所產生的情感已經不再適用。有時候年幼的時候，對於某些人的情感可能並非基於準確的認知上，曾經眷戀的人、產生過好感的人可能見一面，那種幻像便消失得無影無蹤。儘管分離才能夠使那種曾讓自己感到幸福的感覺存活下來，但我對感覺過的恩與愛的肯定卻依然如舊，一切都只會隨着時間變得更加純粹。

生命對我而言便是落入耳中的一首曲，旋律的美感呈現再自然的赤裸中。無論是否褻瀆了作曲者的原意，只要覺得美，那麼我也要勇敢地肯定這份湧起的情感。希望二十年後的自己能夠依然擁有這份勇氣。我將會在不遠的某處找到一片片的自己，因為我是一條正在等待被尋找的路。路其實早已在遠方，被緊緊地鑲在泥地裏，而遠處和近處鋪上的石板都是我自己，命運只是讓我去行走和相遇。所有所感所遇，都會讓當下被經歷過的色彩無限化淡，直至這場旅行被停下來為止。

音樂・生活

繆佳宏

我時常在想，十年後的我會是甚麼樣子的？

十年後的我 35 歲，是青春早已悄然離去的年紀。或許十年後的我依舊不會改變的，就是愛音樂吧。

我是一個雙魚座的夜貓子。都說雙魚座是浪漫的藝術家，愛幻想，沉溺於兒女情長，花前月下；渴望被愛，但是愛的時候，又總是敏感多疑，情緒化；同時，還能把這種複雜的感情通過藝術的方式宣洩和表達出來。想想也是，兩條魚是有着兩副面孔的吧，不然白天笑嘻嘻的我，為甚麼晚上就開始多愁善感傷春悲秋？靈感也總是在晚上才會冒出來，或者說，好像只有失戀的時候，我才能寫出讓人一聽就「哇」一聲哭出來的歌。

第一次寫歌是在

15 歲，到現在也已經十年了。因為喜歡一位歌手，我開始偷偷地為她寫歌來表達我對她的欣賞。當時的我準備報考大學音樂專業，想像着以後能給我喜歡的歌手寫歌，能在台下看着她唱我寫的歌，那該是一種多麼美妙的感覺。雖然後來大學的時候沒能如願讀上音樂專業，給我喜歡的歌手寫歌的這個夢想至今也沒有實現，但是我依舊沒有放棄喜歡音樂。在按部就班地完成家人對我的期許後，我選擇了來到韓國，決定給我兒時的音樂夢想一個交代。於是在這裏，我重新開始了我的音樂旅程。

在凌晨寫歌的間隙，我也經常會想，再一個十年之後，二十年以後，我是仍在出租屋裏敲琴鍵，還是能站上舞台把我的歌唱給別人聽呢？我想，十年後的我應該已經積累了許許多多的作品。這些作品表達着我的想法、我的情緒和我的內心世界，也將承載着我無法說出口的話。也許它們不會被世人所聽到，或者不會被理解，都沒有關係。因為只要人生中有音樂這樣的夥伴陪着我，只要我還能用音樂來表達我，那麼在這諾大的世界裏無論再怎麼孤獨，我相信我都不會感到孤單。

這一個十年沒有完成的夢想，就留給下一個十年吧。再下一個十年，我會經營一個音樂學院。丟掉枯燥的課程和日復一日無聊的練習，我想帶着孩子們理解音樂，感受音樂，愛上音樂，表達音樂。不管是大大的夢想，還是小小的夢想，我都想帶着他們的一步步去靠近，最終實現它。

　　未來總是不可預知的，因為不可預知，所以才會感到
不安。雖然如此，我依然希望未來的這十年能來得更快一
些，也希望我一直都能勇敢地做出我想要的選擇。儘管為
夢想而奔波的路上會有許多的挫折和阻礙，但待到十年之
後回過頭看看追夢路上的這些記憶碎片，一定都是閃着光
的。

Where Will I Be in 20 Years?

Ambrose Ho Wai Ching

In early summer 2018, I was in my final year of high school, barely 18 years old. I was given the opportunity to have a group interview for a full-ride scholarship that was intended to subsidize university fees for people who would contribute towards the future of Hong Kong. Dressed in a suit that I had worn a grand total of five times and a tie that I had learned to knot off YouTube, I was asked to introduce myself by the interviewers.

In my infinite wisdom and brilliance, I squared my shoulders, took a deep breath, and played my 2000 IQ card: I said boldly, "Well, I see myself first and foremost as a kid at heart." The intended sentiment was that I donned a wide-eyed, optimistic worldview towards any and all challenges, eager to overcome the mountains ahead of me because of the view that awaited at the top.

Apparently it didn't work, because I didn't get the scholarship. It could have been any number of factors (personally, I thought I performed reasonably well in the interview, even though the interviewers didn't appear to

respond particularly positively to my self-introduction. Also, the person next to me performed literal daylight robbery by copying my answer and saying that he was a kid too! Imitation is flattery, I suppose, but there was no attempt at subtlety at all, which was pretty amusing.) .

Anyway, it's been two and half years since then. I have realized two things (among other things) in that time: firstly, that it was a terrible idea to introduce myself as a "kid" in a situation the interviewers were looking for future leaders with a concrete plan to improve Hong Kong's future. Secondly, that I have no idea where I will be in the future, not ten, twenty, or thirty years from now. Sorry, Headmaster. (I'm also sorry to disappoint you with the quality of my writing, because I am not certain that has gotten any better since the last time that I wrote something for you. I think I peaked creatively when I was nine years old.)

Don't get me wrong, it's not that I have no plans at all. God has blessed me with a wonderful and caring family that put me through university even without a scholarship, and they have given me whatever I have needed throughout my life. Like so many other students, I am going through the process of job-hunting, but my personal rationale behind doing so is to pay back to my family what they have given to me many times over. (In the process, I have discovered that my job-hunting skills land somewhere between abysmal to poor. Maybe that early scholarship interview was symptomatic of something—I'm trying to get better, I swear.)

But in the long term? All I know is that I want to help to solve some of the unending problems that I see every time I turn on social media or open my news app. My generation hasn't lived through the Cold War or seen the Berlin Wall fall, but we live in a time where the inequalities of the world are just an Internet connection away from being on your newsfeed. There's a whole lot of need that has to be taken care of in the world, and I'm privileged enough to be able to sit above it all and type about it on my keyboard, instead of doing anything to move the needle.

I think this is the great paradox that young, middle-class people like me have to stare down. It's abundantly clear that there are staggeringly vast, institutionally-driven inequalities within our society; I don't think that I'm grievously offending anyone's political sensibilities in saying so. Take the George Floyd protests, or the fact that COVID-19 disproportionately affects the marginalized and the poor, or the fact that everyone's least favorite imperialist, racist, and "philanthropist" Cecil Rhodes still has a statue standing proudly above the high street gates of Oriel College, Oxford. And here is the choice that we are faced with: we can complete our university education, get jobs, and continue quietly participating in the system that got us there for the remaining decades of our lives. Or we can choose to actively do something about the metastatic inequality that Humanity 2021 is up to its eyeballs in. I'm not saying these two options are mutually exclusive—it's just that participation in one end of the system frequently precludes effective pursuance of the other on a personal level.

And of course, like I've already pointed out, I am part of the problem. I do not the brave soul who is sacrificing stability and a good income to help others; I'm not devoting any significant part of my time to altruism; I most certainly am not the person who has enough idealism to change the world. For the past twenty-odd years of my life, I've floated in my bubble and let the bad stuff in the world pass by beneath me.

So all I'm trying to offer by writing this is a perspective, an insight, into the catch-22 that has taken over most of the real estate in my mind (or at least, the parts of it that haven't already been consumed by law, anime, or esoteric facts about animals that I learned a literal decade ago and have not been able to forget.). This is not an exhortation or a call to action, because it would be incredibly hypocritical for me to do anything of the sort. I only want to put four corners around this idea of "remedying societal inequality versus pursuing personal stability" because I think that it is, at the least, a nagging concern for many people of my age and with my background. For me personally, this is less a nagging concern and more of a gnawing insecurity.

Well, the part of me that has been unwillingly steeped in academic fervor through the tens of essays that I have written is calling on me to offer a solution to this dilemma in these paragraphs. Against my best intentions, I cannot offer one. I may be doomed to succumb to this paradox till the day I die, even as those social inequalities grow ever deeper and I move ever further from a mental state where I will actively take up arms and confront them head on.

Where, then, do I see myself in twenty years? I only hope that I am strong enough to tear myself away from stability and safety, and to take an active role in leveling the playing field of the human experience. I hope the young people of my generation, who were kids a few short years ago, understand the chasmic divide that I see between these routes; or maybe I'm just too scared to make the leap to the right path. On a personal level, I think that we aren't a lost cause; we never got much of that wide-eyed optimism, but that's not what we need to solve our problems anyway.

獸醫

Philip Wong

作為一名已經從拔萃畢業七年的舊生，今次可為《五年、十年，拔萃依然》撰寫文章，與各位分享自己對拔萃的情懷，機會十分難得。在此先容許我衷心感謝張灼祥校長。執筆期間，想起不少昔日在校生活點滴。還記得我在拔萃男書院附屬小學的時候，學校為了讓我們感受拔萃的文化，帶了我和幾名田徑隊的隊員一起觀賞中學學界田徑比賽。一年一度的 D1 田徑比賽可以說是中學學界的巨大盛事。當時我只是一名小學生，能與看台上數百名拔萃學生和舊生一起打氣，畫面仍然歷歷在目，十分難忘。拔萃田徑運動能有着良好基礎和發展，不得不提張灼祥校長，一直給予田徑隊無限量支持。那次的比賽裏，學長們也直接以總冠軍報答母校。

五年前一念稚氣的我，硬着頭皮一個人去美國讀書，或許有很多人認為到美國讀書身邊也會有着不少香港同伴。為了完成自己的夢想，我克服困難，主動面對全新環境去了一間沒有任何華人的學校。這個選擇可說是離開舒適圈生活。當時決定離開香港前往美國讀書的時候，張校長曾經訪問我並了解其中想法，每一次與張校長的交流和討論都可以獲得豐富的資訊和全面的分析意見，實在獲益不少。

五年後的我，正在努力成為一名專業的獸醫，為每一

隻小動物提供最好的生活。這就是我理想中嚮往的工作！其實有太多的想法一直在腦中醞釀着，但是回饋母校的核心意念始終沒有淡忘。拔萃影響着我的人生，每一位老師的教導和指點、同學之間的溝通、校內各種的文化對我影響尤其重要。這些養份一點一滴累積，一直啟迪我健康成長。我想幫助每一位有需要的師弟，為他們提供一切可行的意見和經驗分享。我希望有一天可以跟隨學長溫文灝醫生的成功步伐。不但在醫學界發光發亮，也一直無私和無保留的支持香港足球的發展。溫醫生的生活和工作理念，一直推動着我每天更用心學習，也是鞭策自己的原動力。

拔萃的學長學弟關係一直十分緊密。無論相差多少年，彼此都沒有任何隔膜。箇中奧妙彷彿無法用語言說清楚，然而我想形成緊密關係最基本的因素，是大家無分彼此、積極向上、互相關懷和求進的心態，把我們都拉近，形成更團結更牢固的拔萃精神。

致將成為大人的我

王綽栩 Cody

世界很大，路途很遠，天空一望無際。17歲的我，今日站在畢業的十字路口，即將離開承載着大半成長回憶的校園——青草白牆之外，迎接我的，會是一個怎麼樣的世界呢？

明年今日：18歲，我可能身在異國，暫離我熟悉的香港，到外國升學。我希望可以讀到有興趣的科目，特別是有

關音樂創作的課程，把握身為學子最後的四年，在舒適帶外追逐音樂的自由。

五年後：22歲，剛卸下畢業袍，我希望可真正實踐自己的興趣，投身音樂。二十出頭，帶着些許社會經驗，尚有青春魄力，我希望自己會多作不同嘗試，甚至可以做到一個屬於自己的品牌。未來或許

遙遠，今天想法也不過天馬行空，不論成敗，堅持過後，
依然無悔。

十年後：28 歲，踏入社會已近十年，希望自己對音樂
熱誠不變，努力體驗世界不同的文化，擴闊眼界，充實對
不同音樂的知識。希望近「三十而立」的自己，初心依然，
無愧正視 18 歲時熱愛音樂的少年。

世界很大，路途很遠，天空一望無際，但願沿路風景
明媚。

與家人合照，許秋怡（左）王書麒（中）王綽枬（右）。

Five Years, Diocesan Still.

Rohit Verma

Ten years. As of next year, it will have been a decade since I had last set foot on Diocesan Hill as a student. My final day was one of uncertainty, as I had received my HKALE results, which were far from where I wanted to be. Having always aspired to pursue a career in the medical field, I was not where I wanted at this point. Worst of all, taking my final steps down the Drive, I was filled with a pang of melancholy-every twist and turn reminding me of my own journey throughout my seven years on our amazing campus, all the laughter, tears, challenges, triumphs, failures and above all—the Brotherhood we cultivated. Something intangible that would last through the rest of our lives, and continue to bind us all beyond the abyss. It is as they say, "once a DBS boy, always a DBS boy".

Over the course of my gap year thereafter, I resolved to evolve from all of the setbacks I had faced, and took to learn from what I had yet to fully grasp during my time in my alma mater. The journey of self-discovery that I set upon as I walked out of DBS took me through many other winding roads, but the values and ideals that were imbibed in me during my time at the School were the guiding principles that served as signposts for me as I found my way through an undergraduate degree in Public Health in CUHK to eventually arrive at the destination I had hoped for myself many years prior: medical school.

Currently, as I am in my final year in HKU Med, I find myself looking ahead to the future despite the many challenges that we have all faced in recent times. Though there are many difficulties in my immediate future, such as my Final MBBS Exams as well as Internship Year with the Hospital Authority—I know that I can count on the many seniors I have met throughout my studies to continue to serve as my beacon towards my goal of becoming not just a doctor, but a healer. Not just a DBS boy, but a DBS Old Boy: the perfect example of a gentleman embodying the DBS Spirit, a true role model for future generations.

In the five years ahead, I look forward to seeing where my journey takes me. No matter the challenges on the path ahead, the voices of my brothers cheering me on and backing me up will continue to reassure me to continue to bear my yoke in youth as I stand on the shoulders of the giants that came before me that have truly built an undefiled heritage. Whatever I may do in the medical (probably surgical field) in the future, I am bound to return to my home on Argyle Street time and again, to serve our Boys by Mentorship or even with my work in the Medical & Healthcare Chapter. The possibilities, like our potential at DBS, are limitless.

About My Headmaster, Mr Terence Chang

The first memory I have of Headmaster Chang is from my very first day in DBS, during our Beginning of School Service. Being my first time in a Morning Assembly at DBS, it was already a memorable occasion in itself, but what Mr Chang always included in his speeches and sharing with students had always left a lasting impression on me-in particular I remember how he continually stressed on the importance of taking initiative in life.

I took this lesson to heart, and a few weeks in, even summoned the courage to go up to Mr Chang directly to request the opportunity to deliver a short address on Diwali, the Festival of Lights celebrated by Indians worldwide. Ever since then, I have always been grateful to have had Mr Chang as a teacher, role model, supporter, and friend during my studies in DBS — and beyond, as a fellow Old Boy of the School. I hope to have been able to live up to the poise and courteousness that he hoped to imbibe in all of us, and indeed hope to be able to give back to the School just like he did － with tireless devotion to the DBS Spirit and Brotherhood.

Thank you for all that you have done for the School, Mr Chang!

In the Hearth of the Heart a Kindling Spark

Samson Huang

Every one of us is a spark waiting to grow ablaze and to light up the world. Once we learn to harness the power of our true selves, we can change the world for the better, no matter what the challenges are.

2020 has been a tough year, but it served as a great reminder for us to be persistent and positive towards our life. The world is an ever-changing place and opportunities are always there for those who are prepared. We must keep learning and growing to be a better person, then, changing the world to be a better place.

Looking forward, I would like to take up a part in contributing my expertise in transforming the business world and to create sustainable impacts to society. As a Diocesan, I have always considered "To serve and to lead" as my personal motto and it reminded me of the importance of staying humble and open-minded to ideas. In the next 5 years, I am ready to start the next chapter of my life and excited to explore different aspects of the world.

未到來的未來
——給自己的五年之約

滿依凡

2020 未到來

前不久單位六一活動，要求每人上交童年照，我找出一張，照片裏的小妞穿着一套籃球衣，笑得沒心沒肺。那年我五歲⋯⋯看着那張和我爸同款的臉，和現在並沒甚麼變化，在長相上我似乎真的沒有「蘿莉期」。我還能想起，經歷着人生第一個五年的我，憧憬着小學的課堂，但又對遊樂場戀戀不捨。

年幼時跟爸媽出去坑，我媽帶我逛街，我爸陪我坐過山車，爺爺奶奶給我做我愛吃的「炒麻豆腐」，而長大的我，卻不能陪他們遊山玩水，做飯下棋⋯⋯我不禁自問，在現今這個高速運轉的時代，人的長大是否可以被理解為一次出走，在家人的呵護下成長，又在他們的目送中一次次「遠行」。

五年前，我實現了人生中第一次離家遠行，告別祖祖輩輩生活的北京，隻身來到心心念念的香港求學，棄理從文，一些零基礎的文科課程很是陌生，課業繁忙，但每天都過得快樂充實，「神秘嘉賓」陸續登場，走進我人生這一幕的「片場」，他們像我的家人一樣，讓我的異鄉求學

變成了在故鄉愜意生活。一切美好的遇見即是久別重逢，
那一刻我信了。

2020 開篇即轉折

走出校園之後，沒有了寒暑假，沒有了考試，沒有論
文答辯，人生的階段性顯得不那麼明確了。我們開始忙不
迭的穿梭在辦公室和廚房之間，我們也成為了人生字典裏
沒有容易一字的成年人。時間的巨輪依舊從容運轉，生活
按部就班的繼續着。而 2020 年的到來，彷彿給全人類上演
了一齣「災難片」。疫情的爆發，我們看到了太多令人淚
目的場景，切身感受到人類生命是如此脆弱，而人類的意
志又是如此頑強。

2020 年是我人生的第 5.4 個五年，這一年即將過半，
北京的疫情尚未平息，原本以為告別校園走向社會的生活
終將平淡，而這不平凡的一年，為我們每個人的生活畫上
了一個清晰的時間節點，引發了我們對生命的思考。未來
的五年，我將會面臨何種挑戰？我會變成甚麼樣的我？作
為自然界高等動物，我們怎樣去活？怎樣活出自我？

2025

迎接和告別是每個人一生中重複的行為，它可以是欣
喜的，期待的，也可以是無奈的，傷感的。在這兒，我不想
把話題引向沉重，我們不談過往的得與失，展望一下 2025

年，我的父母會步入老年，爺爺奶奶也會迎來高壽，他們還是那個熱心的北京大媽、快樂的南城大爺、任性可愛的老小孩，那時的我，已過而立之年，我希望「她」會是個「乜都搞掂」的御姐吧。五年的時間，1825 天，一個人可以蛻變，亦可以退變。就在一點一滴之中，就在一念之間。我對年齡增長沒有甚麼恐懼和牴觸，因為牴觸是無效的，恐懼也是自尋煩惱。更不會利用「外力」改造自己的外表，這種與時間抗衡的做法是不明智的。隨着年齡增長，我們會變得更聰明，這不是解高數題的那種智慧，是我們的心靈變聰明了。面對親人的老去，面對自我的成熟，更能讀懂生命的意義。

做一個聰明的大人，明知成年人生活的不易，依然不忘初心地追求自己的夢想。對一個成年人來說，「夢想」即「目標」，我不是說五年後的我不可以做夢，三十而立的人不可以天馬行空，重要的是我們做的夢要照進現實。談到夢想，最現實的話題就是工作和收入，這並不是一個媚俗的話題，生活品質是通過自己的努力和頭腦去爭取的，經過自己的努力和資質取得成功的人，才有資格「淡泊名利」。物質是基礎，精神是上層建築。

我一直告訴自己，做任何事情前，先做人，人類渺小，成敗都是一時的，任何目標的達成都不值得用敗壞人品作為代價。認真工作努力賺錢，但是要淡然面對得失，追求 inner peace 才是人生信條，經濟獨立消費自由是成年人活

着的基礎，而靈魂的自由才是真正的自由。奢侈品的 logo 提升不了衣品，銀行卡上的存款數字也並不能提升氣質，要堅持閱讀和學習，關心時事。經過五年的工作和生活，我確實會積累很多能力和知識，我希望用它們創造財富，進而投資自己，可以是學一門語言可以是學一項技術，在 AI 盛行時代不要落伍；也可以是出門遠行走出家門與這個世界「對話」；亦或運動健身，保持 47kg 的體重但不要丟了馬甲線。

熱愛自己，更要「嫌棄」自己，人的進步來源於對自己的嫌棄，從小到大我就腦洞大開的認為分數另一層意義就是引發對自己的嫌棄，無論高低，分數都不會給你好臉色，高分說：「不許驕傲」，低分說：「你瞅瞅自己幾斤幾両」。完成一項工作，處理一件事情，我會給自己打個分數，很多次都有一種追悔莫及的感覺，就好比跟人吵架之後才想起狠話沒說，講個笑話之後才發現漏說了 punchline。當然，

這種悔恨，會激發自己在下一次做事時高度認真的態度，而 2025 年的我，拜託能不能升級一個版本，不要總是跟蹌之後才練習走路。

「滿依凡 2.0」請聽好：

2025 年了，你更新後應該穩定下來了，請保持你的勇敢不羈與好奇，學得專注，玩兒得開心。

給五年後的你：

這五年裏你可能會聽過你要考研，你要結婚，你要考公務員，你要相夫教子，你要娶妻養家，而我想說：你要有趣，你要珍惜，因為你是唯一。沒有老去的少年少女，只有當下最好的你。

足球小將

Ryan Cheng

When I was a child, my dream was to be a professional footballer. When I was 7, I started joining school team and remember thinking how unbelievably it was. From then onwards I became passionate about the game and strive my best to reach the most elite level in football.

一直以來、踢足球，是 Ryan Cheng 的至愛。小學開始踢足球，Ryan 代表學校出賽，獲獎無數。上到中學，仍在踢球，是校隊一員，參加校際比賽，為校爭光。來到英國讀書，仍繼續踢足球，並且踢出個未來，他現在是馬爾他的國家代表隊成員，可以參加大賽了。

圖中最右邊的是 Ryan

美食以外

Myron Cheng

This is Chef Mike and his wife in the middle, we both share a strong passion for food. Appreciating his skill and attitude towards food by taking this picture. I believe his restaurant is the best in the whole malta!

Myron Cheng 說他喜歡品嚐美食。其實他喜歡的事物可多，他既愛運動，又愛讀書。將來，Myron 仍未知道會做甚麼，「但應該不做廚師。」

圖中左邊是 Ryan、最右邊是 Myron

一張木椅

Brandon Fong

Brandon 喜歡設計，他坐在白色木椅上，看起來悠然自得。Brandon 開心有原因的：「那是我一手一腳設計出來的木椅，從找木材到做好一張椅子，花了不少時間、心思。一切努力、都是值得的。希望日後的工作，可以將我的創意發揮得更好。」

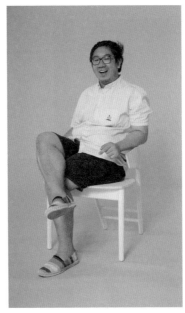

Brandon Fong

打拳訓練

Archie

　　Archie 幼年身體不算強壯，到英國讀書，下水能游，成為游泳健將，「還學會 kickboxing，不是用來打架，那是有益身心活動，讓我活得更有自信。」

　　與母親的關係，「我們無所不談，是好朋友。」

　　成長期間，得到母親的鼓勵，Archie 說那是他在英國得到的「最佳禮物」。

Archie 與母親 Rachel 合照

與教練一起操練 kickboxing

十年後的模樣

關嘉利

十年之後，會是怎樣的模樣？

我確實不知道，以前總覺得未來很遙遠，可是，好像一下子恍惚就到了 30 歲的分水嶺。記得那時，我還在內地讀書，高中班主任周老師常掛在嘴邊的一句話就是：30 歲以前別問為甚麼。話音未落，同學大聲反問：為甚麼。換來一陣哄笑與台上那張安靜而嚴肅的臉。我自然是不懂得的，卻深深記住了這句話與這個數字，總覺得這意味着甚麼，像是有些事情以此為限，過了，就會找到答案。在我十五十六的年紀，總覺得 30 的時候，一切會如雨過天晴那樣明朗，長大了很多事情就會好了。

可是，真到了這個年紀的時候，卻完全不是我想像的樣子。我卻不禁懷疑着，這難道就是 30 歲的模樣了嗎？大學三年級我從愛爾蘭留學回來，也沒想過將來要做甚麼，隨着大夥報名讀教育文憑。我知道，港大那時才收十來個學生。那就看命運的安排吧，我對自己說，面試通過了那就讀吧。我倒是誤打誤撞去讀了教育文憑，也是誤打誤撞畢業後當了老師，輾轉間也換過學校。意義倒是能尋到的，與學生的相處是直接而單純的，看着他們一點點成長倒是我撐下去的動力。只是，才剛畢業，人尚未脫下稚嫩，就投奔新的秩序，被每天重複而堆疊的人與事推着往前滾。

學着與以前截然不同的職業秩序裏的規矩，也學着接受所謂叫做現實的東西。有些事情來不及掙扎與思考，幾年光陰就蕩漾而去，那條一路就看到底的路就在前方⋯⋯

30歲像是一個曖昧不清的年紀，連願望也是迷糊的，我很清楚知道自己不喜歡的是甚麼，但是，對於自己想要的東西，卻是支吾以對，說不出清晰具體的畫面來。那時，剛好講到論語的「三十而立」。三十雙迷茫而青春的雙眼注視着我，聽我竭盡全力地將備課所得的知識傳授於他們。我嘗試着講解的時候，同時也倒像是在說服自己。他們恍惚，無動於衷，大致還在淋着當下那場猛烈而明艷的青春的雨，渴望長大自主，卻對前方一無所知。三十，對於他

們來說，過於遙遠，像是聽一個傳說，或者跟自己無關的
故事。

那是我的故事。在他們那樣的年紀，我也有着似曾相
識的懵懂，儘管所經歷的事情不一樣，色彩是一樣的濃烈。
朋友的背叛與和好，剛好錯付的又或者不曾宣之於口的暗
戀，甩門而出又或緊鎖房門渴望理解但拒絕與父母溝通，
種種任性與躁動糾結交纏。正是在那樣的年紀，父母帶我
來了香港。那時不知道何謂「移民」，以為只是暫時地離開
而已，總覺得還會回去的。那些日子，最大的事就是找學
校及英文了。在內地，我成績還不賴，來到香港，卻處處
碰壁。不知道香港的學校情況，父母工作，我牽着妹妹到
處叩門求學位。那時不知道是特殊學校的人臉有難色地拒
絕我們說，這學校不適合你們；也有好心人勸說，去找一
些普通的學校吧，這裏不收新移民的，新移民英文不好……
那時腦袋裏滿是為甚麼——為何不給我機會試試看？為何我
連證明自己的機會也沒有？為何就這樣拒絕、否定了我呢？
——更多的是心有不甘。

大概因為這份不甘和倔強吧，後來我會考考了不俗的
成績轉去了一所名校，跟着考入了中文大學，再後來，我
就來到了這裏——我也開始漸漸明白，周老師的那番話的意
思。原來，那些曾經執着過的、耿耿於懷的「為甚麼」，
興許在跌跌撞撞中早已經找到了答案，又或許答案早已經
不那麼重要了。

　　只是，年歲漸長「為甚麼」並沒有消失，迷茫亦步隨
步趨。記起蕭紅寫過：「長大了是長大了，而沒有好。」
的確，不是變好，只是變得不同了，迷茫二字只是換上了
主題內容而存在。生活本來就是一路泥濘，只是以前的是
泥路，現在走的是石子路。我本以為三十歲的主題是職業
與事業的掙扎與迷茫。那次，父親猝不及防從半米高的床
上倒在地上，口吐白沫，左手左腳動彈不得。醫生說，是
中風。生活亂了章。母親辭去了工作照顧父親。我的步伐
也得重新調整，每天從學校到醫院再到家裏。那時父親住
在九龍康復醫院，得往上走過一段斜坡才會到。我背着學
生的作文往上攀爬，看着路燈把我的影子拉得長長的，忽
然才明白，父母的年老也是其中的主題，才知道自己背負
着兩種責任前行。以前的我總是看着自己的成長，卻忽略
了父母在老去，忽略了放慢自己的腳步等等開始走不動的
他們，也總是顧着往前奔跑而忘了回頭看看他們，細數他
們頭上的白髮與臉上的皺紋……而我總覺得未準備好應對
這突如其來的一切。後來，父親出院回家了。不知道怎麼
走下去的我，陪着忘記了如何走路的父親學着重新走路，
拐杖撐着，奮力地卻只能微微抬起失控的左腿，踏前了一
點點……

　　這時，我倒是想起以前的自己。那些當時無法想像該
如何走過的難關，過去自己竟然一一安然無恙地跨過來了。
原來，很多當時覺得天大的事情、呼天搶地的事情，過了

之後回頭看，也淡然一笑，不過如此罷了。不是困難變小了，而是我們一路跋涉而來的過程中，變得更成熟、更堅強了。這樣子，我似乎更有勇氣去面對現在的一切了。

很多人知道上面引用蕭紅那一番話，未必注意到那篇文章的名字叫做〈永久的憧憬和追求〉。在冰天雪地的境地裏，還會對溫暖和愛有無限的憧憬和追求，向陽而生。後來，也在 30 歲那年，我選擇了從教書的職業跳出去，雖然不知道可以去哪裏，可以走得多遠，還是想為自己冒險，出去看看。

我想，或許 40 歲也該是這樣的模樣吧——

40 歲，或許我早已成為了母親吧，有着一兩個孩子。生命多了些甜蜜的重量，為他們負重前行，讓他們在自己的跑道上成長得快樂一些。他們牙牙學語時，學着走路時，還會不斷回頭看我的時候，我就陪伴着、鼓勵着他們跌倒就站起來吧，路還遠着呢。或許到了某一天，他們早已走得比我快，奔入他們的青春不回頭看我的時候，那我在背後成為他們去外面冒險探索的後盾吧。

那時，父母又老了一些。當了母親的我，更懂得父母多一些吧，那些年為我的付出與犧牲。他們身體開始出現各種疼痛，有時候忘了吃藥，卻記得我最愛吃的菜，他們還是會像以前那樣對自己吝嗇，省着錢，總想着買東西給我，或者給我孩子。我懂得放慢腳步，繞着他們的手，慢慢走，會懂得與接受他們如孩童般的任性與依賴，也懂得

他們對我付出的執着與偏心⋯⋯

　　40 歲的自己到達了哪裏呢？我確實不知，但相信自己還會一如既往地冒險，往更寬闊的遠方奔去。遠方，意味着風雨滿途，或許也會有與那一個階段相應的迷茫、困惑、軟弱的時刻吧。那時的我，該會想起 30 歲的現在的自己，佩服着自己又是怎樣撐過一段不堪的路。於是，也有了勇氣去面對更大的挑戰。比起現在，那時的自己處之泰然，每一步走得更堅實、自信。絕不碌碌無為，虛度時光，懂得看清自己身處之地，了解到自己能力所及，亦學會接受自己的局限，懂得抬頭看看一路上旖旎風光，更清楚自己想要到達的遠方是何處，但不會否定自己，拒絕其他的可能。

　　大概這就是帶着永久的憧憬和追求，向陽而生吧。

生命的韌力

鄭潔明

　　早前聽薛凱琪的《給十年後的我》，想到的是十年前的自己。

　　那時與其他教會的年輕人到牧師家相聚，他問我們：「你們認為五年後的自己會是怎樣？」我說：「應該是繼續工作和結婚吧。」

　　牧師搖頭慨嘆：「生命是無法預料的。」當時我想：「細節固然難以預料，但大方向應該不會相差很遠吧。」

　　五年後，一如所料，我繼續工作，也結婚了。但是媽媽竟然自殺離世，我的世界熄滅了燈。從沒想過，生命中最重要的人，會以如此轟烈的方式離我而去。

　　花了很長時間沉澱，寫書梳理，逐漸明瞭很多事情不在自己掌握之中。希望能好好走腳下每一步，讓自己有足夠的韌力，安然面對生命的衝擊。

二胡與我

朱芸編

上一次想像未來的我應該還是個乳臭未乾的少年，糾結着某個女孩的心意，所有事情都沒有一個確切的輪廓。然而我也終於到了三十而立的年紀，對於未來的想像我感到既實在又虛幻，我甚至無法想像五年後的自己會身處何方，但未來再不是瀰漫在湖面上的霧氣，而是一幅一幅傾注各種顏色的油畫。

幸運的話，五年後的我應該也成家了，在周遊列國時多了一個人在等我回家，也多了一份責任。我仍會抱着我那把二胡在不同的舞台上演奏，或是香港大會堂，或是意大利的教堂，或是南非的某個宴會，停不下來的我還是會到世界各處走走看看，一是我身上每個細胞都熱愛表演，二是私心想趁着表演的機會，把想去

的地方都去一遍，也節省了不少旅費（笑）。二胡對我而言更多是表達自我的聲音，當初喜歡上它的原因也是因為它有着和人聲最類似的音色和頻率，每次演奏都呢喃着一個一個的故事。我希望五年後的我仍然深刻地記着我喜歡二胡的原因，仍會因為每個演奏而感到熱血沸騰，縱然長大了，但希望靈魂裏那個熱愛二胡的少年仍在。

我想我依然會繼續配樂的工作，它與表演有着截然不同的面貌，同樣的是用音樂說故事。俗氣地説，我希望五年後的我會為一些看似觸不可及的電影配樂，然後站在頒獎禮的舞台上，感謝每位指引我、幫助我、支持我的人。我無法為他們做甚麼，所以只希望在一個隆重，又對我有莫大意義的場合，由衷地表達感謝。曾經我也覺得自己何德何能，好像説上一萬句多謝都不能表達心中的激動，但其實你要做的是背負他們的支持，向陽而生，堅定不移的走在屬於你的道路上。

我也許又會不知好歹的開一所音樂學校，把數年前的教訓拋諸腦後，但我希望音樂於香港人而言，不再是增加競爭力的工具，而是一個單純的興趣，一個説故事的機會。

五年，大概是 1826 日，希望五年後的你和我一樣，為着那一個一個完成的目標而歡呼，加油。

黃竹坑新圍村

彭啤

五年後的您，好嗎？

回想起數年前的今天可能有特別感覺。

結束了一年的「長假」，重新投入工作⋯⋯若說新工作，可能說是邁進人生另一階段更為貼切，成家這麼多年才正式開始以家庭生活質素放到首位，終於不再奢望能輕鬆做到工作與生活平衡，相信是我太天真把一切想得太完美吧！

您⋯⋯還好嗎？

疫下的這一年的就像是重整的一年，原定的合作計劃延期與擱置變成常態，所有計劃都變成應變計劃，就算一切已準備就緒但最終亦需因應疫情的嚴重性而考慮進行與否，相信這一切都成了這代香港人的集體回憶。

還記得疫情前希望能於原有工作抽身並投入更大部份到畫畫事業上，但因太大的不確定性而需將計劃暫時擱置，可幸的是在這「長假」裏讓我能好好細味寶寶的成長，早上為他梳洗；晚上哄他

記黃竹坑新圍村的感覺

睡覺，踩踩滑板；玩玩沙……雖然不能陪伴您整個入學前
的時光，但現在我已心滿意足，就是這簡單而奢侈的回憶
令我足夠回味，支撐着我繼續前行，亦因而希望為您們提
供更好的生活質素。當然太太的諒解與包容於路途上亦必
不可少，令我於夢想與麵包的平衡上有更好的拿捏。

剛過的這兩年，反送中與疫情環環相扣，社會由原來
的裂縫因疫情而變成冰河，結業潮如海嘯般湧至，大部份
行業亦不能幸免。政府執法部門亦已開始對社會運動的參
與者及反對派作出清算……一般涉及金錢捐獻的都以洗黑
錢提出檢控，而直接或間接參與大多亦以國安法有關的條
例提出檢控。反對派的流亡與入獄彷彿已是不能阻擋的結
果。如此的政治氣壓；社會氛圍下，新知舊友碰面時亦難
免涉及移民話題，是去是留各有意向，但大多人都覺得此
地不宜久留，五年後的您仍堅守在這香港嗎？

而目前的我未到必不得已時仍希望堅守香港這個家
……無論五年或十年後希望您仍能堅守初衷，令孩子仍為
您感到驕傲！！共勉之！！

藝術與設計

鄭丹珊

活着是一種無法抗拒的前行。遠眺未來，看似漫漫長路，我們蹦着跳着，竟又倏忽而過。

五年、十年後的風景，或許波瀾壯闊，也許風平浪靜，與其期望猜想，不如製造快樂，活出意義。

生活就是要把時間拆解成一份份，多留一些給家人，少一些給工作，還要留一些給自己從容獨享⋯⋯

色彩不一的兩口子，擠在狹小的空間，更需要廣闊的胸襟，各處一隅，仍依偎在對方身上，廝守一輩子。

大千世界，水闊山高，不如遠離煩囂，去一趟不可思議的旅行。多結識良朋知己，不要浪費時間在酒肉朋友上。

創業就像走進一個迷宮，需要勇氣踏出第一步；而要成功守業，則需要注意每個細節，緊記每個走過的死胡同，堅持走下去。或許五年、十年後，我能走出迷宮，成為贏家。

一切皆是藝術。一幅畫作是藝術；家居設計也是藝術；

一幅畫和一幅牆、一個家居的配搭，亦是藝術。畫家出身的我，想進一步與人分享生活藝術，趁年輕仍能有所選擇時，自立門戶，創辦一家室內設計公司——築織有限公司（MouldingConcept Ltd.）。家居設計的美學觀，離不開一個「家」字。「家」是家庭，是人與人之間的關係。能促進人與人之間相處的設計，便是好設計，便是「美」。因此，我認為用心的家居設計，除了能解決問題，塑造主人家對生活的美學，亦能凝聚家人朋友，讓他們更樂在其中，築起一個安樂窩。

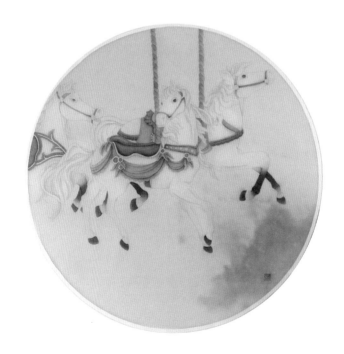

第二章

面對面

鄭丹珊：花開燦爛

鄭丹珊（Sam）傳來一張與她作品《蜂擁》的合照。畫中牡丹是從花墟買回來的，Sam 觀察「牡丹一週的生命，從含苞至盛放，從盛放至凋零，其間花開花落，箇中亦蘊含自然之美」。

幾年不見，鄭丹珊仍愛用她的工筆手法，繪畫大自然的花草樹木。丹珊說：「我的英文名叫 Sam，是珊的叫法。小學時，別人叫我 Sam，那與珊同音，遂用了 Sam。」男孩子叫 Sam，女孩子也可以叫 Sam 呀。

Sam 的工筆畫，明顯就是出自女子手筆了。她的作品，在香港、台灣畫廊長期展出。Sam 說每一幅賣出的畫，畫廊與她五五分賬，算是不錯的了。繪畫為生，沒想像容易。Sam：「現時有另一身份——室內設計師。」

Sam 是「築織」（Moulding Concept）的創辦人，她認為「一切皆是藝術，一幅畫作是藝術，家居設計也是藝術，一幅畫和一幅牆，一個家居的配搭亦是藝術」。

「用心的家居設計，除了解決問題，也能塑造主人家對生活的美學。」

問 Sam：「你的美學觀是怎樣的？」

Sam 的回應：「我對家居設計的美學觀不離一個『家』字，『家』，代表家庭，代表人與人之間的關係。能促進

人與人之間相處的設計，便是好設計，便是『美』。所以
設計上，我較着重空間的應用，以簡約風格襯托出彼此之
間的濃情厚意。我深信好的設計更能凝聚家人朋友，讓他
們更樂在其中，增加在家相聚的時間。」

Sam 傳來幾幅她的家居室內設計，用的是暖色，傢具
顏色配搭得宜，營造出和諧氣氛來，就像她的工筆畫，讓
人看了，覺得舒服。

Sam 說：「創作媒介和技巧仍以傳統工筆為主，但題
材以身邊的事物入畫。主題比較隨心。」

「最近畫的題材是貓。」

「為甚麼是貓？」

「因為被貓的生活態度吸引。牠們很懂得享受獨處的

時間，讓光陰流淌，自得其樂。我認為留些時間自我獨處，是深入認識自己的重要一環。」

Sam 的日間工作：設計及工程管理，「了解客人的需要及生活習慣，並將這些元素與設計結合」。

工作之餘，Sam 仍會「自我獨處」，拿起畫筆，畫她的工筆畫，像她畫的《蜂擁》：蜜蜂與牡丹，顯示「生命短暫，讓自己努力綻放，同時有始有終」。

後記

Sam 把牡丹面貌，用了一個星期，從牡丹「球」至「開花」，捕捉下來。牡丹一點不俗，有它可觀之處：「畫中貌似數花爭妍鬥麗，形態迥然不同，實際同屬一株牡丹花。」

「牡丹是百花之王，亦為『花之富貴者也』。或許因其富貴之美譽，故世人甚愛牡丹。」

Sam 說：「世人賞花，追求花開燦爛的一剎那。」誰說不是呢！

張漢傑：機械人來了

在會所遇見獲得 2017
「香港青年工業家獎」的林
朗熙（Roy），我們都戴上
口罩，要不是 Roy 上前打
招呼，我可沒法知道，眼前
這位青年人，幾年前，給我
上了一課機械人發展史：進
入 4.0 時期，與 internet 結
合，更見創意了。Roy 說：
「你去找 Davy，我的好
partner，他會向你介紹我們
一起合作，推出來的成果。」

Davy 和 Roy 合照

Davy 張漢傑，Robocore
Technology 聯合創辦人、首
席營銷。Davy 說：「我與 Roy，像來自兩個不同星球的人。
Roy 品學兼優，多才多藝，IT 和音樂，尖子來的。而我，
成績拙劣，只顧玩，不愛讀書（中學時期）。我的人生宗旨：
最緊要開心好玩，自由自在。」

Davy 過了少年十五二十時的逍遙自在生活，因為英文
不好，不能像 Roy，去了美國，而改到日本留學。

Davy 說：「如果沒有 Temi，我和 Roy 根本不會相遇，因為我們的世界，完全不一樣。」

Robocore 於 2019 年 11 月 26 日成立，Davy 與 Roy 是聯合創辦人。兩個來自不同星球的人，碰出創意火花來。Davy 說：「我們研討使用自動導航機械人的新概念，將 Temi 以及其他機械人的價值帶給客戶，利用自動導航設備，提升商業用家的競爭力，開源節流。」

Robocore 推出的機械人：「能夠在室內定位、導航，並有全開放的 Android SDK，讓用家自己決定 Robot 的用途。」

Davy 說：「老人院、醫院、學校、酒店、公共設施，皆有用得着 Robot 之處」：「安全，可靠，方便」。這是我看過 Davy 傳來的兩段短片，介紹 Robot 的功能，很具說服力。Davy 說：「COVID-19 來襲，助長了人類對機械人的需求，人與人之間多了一點五米空隙，得靠機械人來填補。人工愈來愈貴，人類對生活的需求也愈來愈高，只有透過智能化，人類生活才能超越現狀。」

Davy 說至今已賣出五百台機械人，其中老人院佔四成，算是不錯的成績。「而這，不過是剛剛開始而已。」

Robocore 的產品，Davy 說它有四大特色：「自主行走，遙距視像，網絡連結，任意開發（Android）。」

十六字「真言」，道出這產品與眾不同之處。Davy 說：「以上四點，分開的話，很多產品都做得到，四合一的，

據我所知，絕無僅有。」

不過，Davy 還是加上一句：「我也不敢說，只此一家
的。」

後記

問 Davy：「香港年輕人，可以加入你們的行業麼？」

Davy 的回應：「絕對可以，無任歡迎。」

「年輕人的創意思維，潛能無限。而智能這個方向是
會持續進步。我們這個行業，除了賣產品，就是能夠幫到
人。長者看到機械人，微笑出來，對我們的實習生說聲多
謝，那是教人感動，難忘的一刻。」

楊立明：對世界的好奇

　　與楊立明（Brian）的對話，是從定「面對面」題目開始。中秋節前已看過 Brian 的《走進陌生的國度・俄羅斯》（*Stepping Inside A Foreign Land-Russia*），讓我對俄羅斯有了不一樣的觀感，21 世紀的俄羅斯，與 19 世紀小說家托爾斯泰筆下的俄羅斯當然不同，小說《Anna Karenia》搬上銀幕，呈現出來的俄羅斯面貌，與 Brian 所描寫的聖彼德堡：「城中滿是劇院、畫廊和博物館，洋溢着濃厚的文化氣息。」江山依舊，小說家筆下的人物都成歷史了。書比人長壽，歷史建築也一樣。

　　説回「面對面」的題目，我們都同意用〈對世界好奇〉。Brian 説：「對世界的好奇心，令我的人生有意思。」

　　Brian 到俄羅斯工作，第一份工，工資只有兩萬盧布（港幣 2,200 元）：「居住市郊，房間簡陋，僱主經常拖欠人工。」在他的作品序言，Brian 如是説：「當初對海外工作的浪漫想像與『入鄉隨俗』的真實體驗構成很大的落差。」

　　這不過是眾多考驗之一而已。Brian 説他的人生字典裏，沒有「後悔」這兩個字：「我有很多機會，是有得揀的，我就是喜歡接受不同的挑戰。我念大學，去了荷蘭做交換生，讀英文（原先想讀歐洲文學，但要讀原文，我不懂法文、西班牙文，讀不了）。選讀英文，讓我學曉 helping

each other，班上十位同學，交功課，我們得互相改對方的習作，幫對方拿高分。真是難得的經驗，學習，不是要求分數高過對手，而是大家一起拿高分。這對我日後工作態度，有深遠影響：幫別人，其實是幫自己。」

Brian 其後仍是返回俄羅斯：「做第一份工時，辛苦不是問題，語言不通，講俄文，要靠 google translate，返工坐小巴，班次不多，要等。就算去洗手間，遇上大雨，得拿雨傘，一來一回，渾身濕透。都是一大堆的不方便，但肯捱，會捱出頭來。」輕描淡寫，是苦盡甘來了。

Brian 提到他認識的新一代莫斯科人——埃琳娜（Elena），看 Brian 的描述：「蘇聯解體那一年，Elena 正在讀小學，電影台頻道都在播放《天鵝湖》（Swan Lake）。突然鏡頭出現戈巴卓夫（Mikhail Gorbachev），宣佈離任。」如今 Elena 與她的丈夫已成跨國公司管理層，Elena 對 Brian 說：「即使莫斯科因新冠肺炎封城，我們還

是在家工作，享受白手興家的成果。」

後記

　　Brian 傳來一張近照，那是他出席的一個品酒活動。俄羅斯的日子，那磨練，令他對工作有了新的看法。他創立 Brianstorm Content Solution，是 Brainstorm 的 wordplay，但意思不變：「真正能夠改變情況的不僅是一套理論，還需要有新的想法，富創意的回應及大膽的行動。」

　　而這，回應了我們開始《面對面》談話時定下的題目：「對世界的好奇。」還有 Brian 説的：「面對考驗，誠實面對真實的自己。」可以這樣，無有怕。

魏先先：三個地方　三種體驗

　　魏先先 Sinsin 說出她的學習
路線圖，交出一張見得人的成績表
來：「我自幼稚園開始至中學，都
在香港度過，是最後一屆的中學會
考畢業生。（當年有份書寫《十二
萬之七》的一位女同學，是 Sinsin
同屆會考生，道出『末代會考生』
的心聲；往後日子，只有 DSE，
沒有 school cert 了。）」

魏先先是清華大學經營學院
研究生

　　Sinsin 說在香港的十多年學
習，讓她學好兩文三語：「中學以
英語學習，打好了我的英文基礎，學校重視語文教育，所
以我的中文也不差。會考成績不錯，不過我選擇到英國讀
預科，然後考入牛津，讀物理、哲學。」

　　Sinsin 在英國的日子最為輕鬆寫意：「我享受讀幾科
AL，沒有難度，在牛津幾年，讀得開心，畢業後，可以留
下來做研究生。不過我想接受新挑戰，遂到清華讀 business
management。」

　　儘管 Sinsin 的普通話說得像她的廣東話一樣，沒有口
音，但在北京的同學眼中，她還是香港人：「中國學生有

極強的自信和拼搏精神，與他們交往、探討和辯論，是很好的思維鍛煉，與他們一起學習，learning curve 最陡峭，也最有挑戰性，是很有趣的求學經歷。」

Sinsin 自小學開始，就愛上學習，從香港到英國再到內地，對她來說，都是一次又一次一次愉快的學習旅程：「不同地區，有着不同的文化。在香港打好基礎，雙語學習，已沒有困難。適應一個地方的文化，有時得去調整一下心態才成的。」

在內地工作幾年，Sinsin 回到清華做研究：「global competence 是一個值得探討的課題。」Sinsin 曾在互聯網工作，說那是一個仍有很大發展空間的 platform：「我們這一代，已是進入 paperless 一代，書寫，在網上；閱讀，在網上；溝通，在網上。」不過，喜歡閱讀的 Sinsin 說仍愛擁有「實體書」：「一書在手，那感覺不一樣。」

談到未來，愛追求挑戰和新鮮感的 Sinsin：「打算留在內地一段時間，享受這裏的生活節奏。」

已成了半個北京人的 Sinsin 分享她的清華日子：「最近發現的一件有趣小事，對一個地方的 stereotype，或因 stereotype 所產生的光環，不足以支撐一個人在這裏長居。」

Sinsin 不會以「習以為常」作為她在一個地方生活下去的藉口，愛 critical thinking 的她，不論在哪裏過活，都不會着意那「光環」的。

後記：

　　Sinsin 曾經到過日本，做了短期（也有半年）交換生：
「我很習慣那裏的生活，倒是同去的一位加拿大交換生（來
自多倫多的華裔女生），口出怨言，說那裏設施差過內地
一線城市，我不這樣想，日本可愛之處是那裏生活的人，
有自己的堅持，過他們認為是的生活方式。我是入鄉隨俗，
到哪裏過日子，都會找出那裏的好來。」

　　下一次到北京，會找 Sinsin，讓她帶我到她認為值得去
的館子，吃頓地道的北京小菜。

鄺珮詩、江康泉：科幻離騷

屈原二千多年前寫《離騷》，與二千多年後（2018）江康泉策劃《離騷幻覺》，怎樣看，都是「大纜都扯唔埋」。寫《楚辭》的屈原，與動畫導演江康泉（KongKee），有甚麼關係呢？

KongKee 有此本事，與其他兩位動畫家，先來一個眾籌（crowdfunding），籌得 150 萬港元，展開動畫長片《離騷幻覺》計劃。KongKee 說：「起初我們的目標是 800 萬，有 150 萬，只能先行製作『序』，十分鐘的序曲，為日後動畫長片開了個頭，一個好的開始。」

監製之一鄺珮詩（Teresa），香港藝術中心節目總監，說：「江記 KongKee 的計劃，值得支持，我們去年加入這個計劃，成立聯合製作公司，co-production。參與短片製作、配音、line-up 音樂人。對本地藝術工作者的創舉，我們會玉成其事。」

KongKee 說：「這一代人，很受日本動畫影響。我們的想像世界，與此息息相關。動畫，在香港，仍在起步階段，希望藉着今次製作，讓 animation platform，有了一個點，發展本地動畫。《離騷幻覺》，由古代跳到現代，屈原，由一名愛國詩人變成一個機械人。一個由死亡到重生的故事，我的世界觀：我們已經來到科幻時代了。」

漫畫家、動畫導演江康泉（右）和香港藝術中心節目總監酈珮詩

KongKee 的無限創意，透過動畫表露無遺。Teresa 説：「KongKee 有 track record，敢於嘗試。我們可以做穿針引線工作，日後動畫完成後，幫手發行。」

計劃不能説「十劃都未有一撇」，已經有「一撇」了，那就《離騷幻覺》的序，剛拍好，可以見人了。但拍動畫的資金呢？

KongKee 説：「找政府資助，不是沒機會，就是不像拍電影那麼容易。是可找 ASP（Animation Support Program）。如今，我們見一步行一步。」

問 KongKee：「可不可以找到部份資金，先拍一部份，把《離騷幻覺》分成上下集，甚至 Part 1、Part 2、Part 3，分開來拍。」

KongKee 的回應：「那就要花更多資金了。要拍，得一次過，把動畫拍好，不能分開來做的。」

KongKee 態度樂觀：「創作，就不應想那麼多。計劃，有它的生命力。向着目標邁進，終有那一天，《離騷幻覺》會出現觀眾眼前。」

後記

看過《離騷幻覺》的序，遂明白 KongKee 的執着，是有根據的：屬於香港的本地文化，充滿可能性的動畫天地，未來世界，會是可觀的。我們害怕也沒用，機械人的年代經已到來。

第一次見 KongKee，二十多年的事。仍是中學生的他，拿着一本手繪漫畫給我看，那該是他剛開始的創作。

他説：「我是一步，一步走過來。」如今，來到動畫了，他也會「一步一步走下去。」

陳浩嵐：生活、工作在香港

陳浩嵐 Sylvia 說：「在香港念大學，然後在香港工作，至今，剛好是第十年了。」

來自陝西西安的 Sylvia 說仍有回到家鄉過年：「那裏有很多有名小吃，涼皮、肉夾饃、麵食，與在香港吃到的，很不一樣。」

選擇到香港讀書，Sylvia 指：「當初想找一個離家近一些，能夠早些畢業，教育質素又比較好的地方，於是來到香港。」

Sylvia 有朋友去了美國，也有像她一樣，到香港來的。

畢業後，不少人返回內地工作，但 Sylvia 決定留下：「在這裏留多久，其實我沒想好，如果有別的機遇，可能會離開的。」

說會離開，卻已留下來，好幾年了。Sylvia 覺得：「香港是一個有着無限可能的地方，給了我很多嘗試不同未來的機會，這也是我最喜歡香港的地方。」

Sylvia 笑着說：「我係一名打工仔，不，應該係打工女。」Sylvia 說她的廣東話仍是「有限公司」。在香港打工，就有此好處：「東家唔打打西家。」Sylvia 在香港，轉了幾份工，一次比一次好。讓人想到荷里活電影《Working Girl》（打工女郎），一套讓人看得開心的喜劇。Sylvia 在香港的日子，就像一套勵志電影，有着積極人生意義；Sylvia 的觀感：「剛到香港讀書時，覺得香港雖然有些地方比較舊，但是整個城市的思維是西方又現代化的。現在是在香港的第十年，體會到這個城市非常多元化，多種思維和思想共存。」

畢業後，留下來的畢業生不算多，都說香港「不易捱」：「租金貴，人工不算高，廣東話，講不難，講得好可不容易。」留港十年，Sylvia 說她的廣東話：「工作上溝通沒甚麼大問題了。但是，地道的，很生活化的詞彙，還是說得不怎樣好。有時，也聽得不太明白別人在說甚麼。」

不過，Sylvia 自稱是個吃得苦，捱得之人：「小小苦楚，等於激勵。」所以，Sylvia 不會對在西安的親人說「在香港

不習慣，很辛苦」的話，因為這樣，家人就會叫她回去的了。

陝西小吃，Sylvia 每次回鄉探親，都會吃個不亦樂乎：「但廣東茶點，也很好吃。留在香港，從不缺美食。」

在香港，想去的地方可多，「山頂、海洋公園之類，我都愛去。其實，熱鬧、人多的地方，我都喜歡。」車多，人多，對 Sylvia 來說，不是問題。看來，短期內，Sylvia 仍會在香港生活、工作的了。

後記

Sylvia 說疫情來襲，曾返回內地西安老家：「見了父母，但要趕着回來，所以沒有見到朋友、同學了。」

「疫情過後，可以的話，會去一趟歐美，或者日本、韓國，也不錯。」

放假就愛往外跑，旅遊、觀光、購物，香港人愛做之事，Sylvia 也一樣愛做。現在不能出門旅行，就留在家中：home-office，繼續工作好了。

附錄：

陳浩嵐

一年伊始，正是個做未來規劃的好時機。五年後，我會在哪裏呢？其實跨年夜我一直在思考這個問題。我目前在一間發展勢頭良好且穩定的央企工作，有時就想着，一直這樣下去也很好。但是或許工作就和婚姻一樣，也像是

圍城，外面的人想進來，裏面的人想出去。偶爾我也在想是不是我的人生可以再多一些挑戰，再多一些機遇。既然是新年一年了，規劃不如做得大膽些。希望五年後的我能夠在世界上的另一個地方開啓穩定的新生活，有自己喜歡的事業，和自己的家人一起，最好再有一隻大狗，工作日的時候努力工作，雙休時和家人一起做做飯，遛遛狗。這個目標雖然看起來不難，但是實現起來卻不容易，希望能早日成真吧。

陳浩嵐決定留港工作

潘泰銘：燭光的力量

對哈佛大學學者
Michael Sandel 的 著 作
《正義：一場思辨之旅》
（Justice ： What's the
Right Thing to Do ？）
所提出，而又值得探索
的課題：面對人生選擇，
該怎樣做，才算是「對」
的呢。

潘泰銘（Dee）説當
年在科大念書（生物科
學）：「上 Harvard 網站，
聽 Sandel 的 Lecture，順便學埋英文。」

潘泰銘：舞台劇演員

沒想到的是有這麼一天，Dee 站在舞台上，參與《原則》
（Principle）演出，Dee 演的是學校領袖生長梁健博，有一
場對手戲，Dee 與演校長凌芷（雷思蘭飾）來一場辯論，談
的是甚麼是「對」，甚麼是「錯」，引用的正是 Sandel 的
例子。

對一名中學生來説，Sandel 的例證，會不會太深呢？
現今的中學生，有獨立思考能力，對合理/ 不合理的校規，

會有客觀的看法，Dee 飾演的領袖生長，不屬於「死讀書」的一族，他愛思考，還會為學生報寫文章，有勇氣，敢向權威（校長）挑戰。Dee 在舞台上的表現，活像一名五四時代的有為青年。

迷上舞台藝術：「是從大學開始。這一切跟自己的性格有關，轉捩點是入讀演藝學院。讀完三年生物化學後，我對本科沒有鑽研下去的興趣，讀夠了。」

一般年輕人大學選修 Double Degree 雙學位，同期進行的。Dee 在大學時期全情投入「搞話劇創作」。大學畢業，Dee 終於明白「該向自己興趣而活」，在舞台上，他找到那活着的樂趣：「面對藝術之路，需要堅毅的精神和健康的身心，不斷尋找進步空間和可能性。」

Dee 讀演藝：「就是不甘心還未好好理解這個城市的『主流價值』、『非主流價值』之前，就馬上投身社會，找一份沒甚興趣的工作，隨波逐流。」

Dee 說：「演員係一個身份多過係一個職業」，Dee 有此識見，很不簡單。他進一步解釋演員這個身份：「成為演員，好比一條自行修行嘅路。演員，好嘅演員總能夠真誠面對自己，清晰尋找突破的方向，同時又不怕犯錯，不失自我和幽默感。」

Dee 說他喜歡在《原則》一劇扮演的角色：「我喜歡做梁健博。因為再老啲就做唔到中學生啦。有機會將自己曾經對中學生呢個身份嘅印象沉澱一次，並表達出嚟，係一

個好好嘅經歷。」

教人難忘的中學生歲月，在舞台上呈現出來，多好呢。

後記

問 Dee：「如果用一句話來形容你，用甚麼句子。」

這一句獨白，Dee 說：「好難諗添！」想好了，Dee 在舞台上念出來：「我希望自己可以成為呢個城市嘅一點燭火，出一分力。」

Dee 選擇走上舞台，詮釋別人的人生面貌，Dee 沒有選錯。

黃雪燁：學習旅程

香港話劇團推出舞台劇《原則》（Principle），在香港大會堂劇院上演九天，叫好叫座。看過《原則》，先與導演方俊杰「面對面」談了一個晚上，再找來演學生會會長傅佩晴的黃雪燁，聽聽她的演員心聲。

《原則》舞台設計簡單，演員只有五位，演校長凌芷的雷思蘭、副校長陳賢的高翰文、訓導主任蔡霜的申偉強、學生會會長傅佩晴的黃雪燁、領袖生長梁健博的潘泰銘。五個人，各有自己堅持的原則，在舞台上，五人擦出火花來。

與黃雪燁對話，一開始，就把她的名叫錯了，有點不好意思。黃雪燁說：「你叫我 Bonbon 吧。」

好，就叫 Bonbon。

倘若說「人生如舞台」，Bonbon 可重視這「舞台」。她說那是一個不斷學習的地方，Bonbon 每一次登上舞台，演繹不同角色，「從戲劇中學習」：「發掘，了解，反思」。Bonbon 把話說得有哲理：「學習成為一個人，也是如此。」

想起一位我很喜歡的演員周冬雨，從她第一部作品《山楂樹之戀》到《少年的你》，每次，周冬雨都能為觀眾帶來驚喜。要是有機會看 Bonbon 在《三姊妹》演妹妹 Irina，該會被她的演技牽動。Bonbon 說：「演 Irina 的時候，

我更了解自己對工作的看法和期望未來的，會是如何。Irina 由一開始對工作的衝動，直到了解自己不是社會中的工具人，從而了解自己的個性。我和她一樣，不願成為工具人，希望自己能夠為社會帶來一點改變。」

看《原則》，看到兩位中學生，演學生會會長的 Bonbon，領袖生長的梁健博，都有想法，儘管他們的言行舉止，看來有點衝動，卻不是「無理取鬧」的。

年輕人面對學校校規、制度的改變，不想妥協，想為「公義」而發聲，卻又顯得無助，不能改變甚麼。Bonbon 把那份無奈感，在舞台上散發開來。舞台上，沒有「勝利」者，各人隨着狀態走，各說各的。五個角色，代表五種不同身份，不是妥協了，就能解決問題。

Bonbon 說演《原則》，演足四年，隨着年歲增長，對角色了解更為深入：「每次演出，我的體會更多。」成年人有成年人的難處，學生，當然也有學生的。《原則》是一本每次打開來看，皆會讓讀者有不同感受的劇本。搬上

舞台，經過修訂，Bonbon 對角色詮釋，仍見新意。而那，
該是做演員的樂趣：每一次站在舞台上，就是開始另一段
旅程。

後記

走下舞台，面對現實，Bonbon 如說是：「社會是殘酷
的，加上時間的洗禮，令人更難堅持原則。但『撐下去』，
有此信念，也是一種修養，我享受當下，期望未來。只有
這樣，才能令生活更好一點。」

Bonbon 現在過的簡約生活，更見充實。作為一個演員，
Bon 說她「虛心學習，體驗生活，對身邊事物，有好奇心」。

明年四月，會去看 Bonbon 在天邊外劇場《2042 望鄉
之旅》的演出，看她演 spy。

附錄：

五年後的我   黃雪燁

五年後的我大約是長頭髮，氣質滿滿，依然美麗，真、
善、美。

近年追隨着極簡主義的腳步，五年後在極簡主義的路
上應該有一番「成就」，所謂的「成就」就是更簡單、簡潔、
簡約，不論是身心靈都一樣。留下來的物件顏色應該只有

黑、白、灰、金。黑色神秘而且不容易被同化，白色純潔，灰色中庸中性，金色閃耀矚目。

　　不知五年後身邊有誰會支撐着我；我又會撐着誰。我是個隨風而飄的人，生活總跟隨着直覺走，若要幻想五年後的日子，只能想到現有的生活會否依然存在？劇場的氛圍是否健康；父母身體是否安康；儲錢足以付首期或仍未達標；香港人的快樂值會是多少；我是否仍在為工作打拼或遠離塵囂喧鬧去到「秘密花園」經歷時間的流逝。

　　小時候會覺得五年時間很長，但近年發現一年時間很短。不管是社會運動運、疫情、工作，都使時間流逝得無影無蹤。當我五年後再看回這段文字，應該再幻想再五年後的生活會怎樣。幻想的魔力就是要推動着我們向前，為着未知的未來前進。

　　若這段文字的終點是我的 32 歲。期望我會為着自己努力，不管是身體或是工作都應該朝着健康的步伐前進，不再為未來而擔憂，因為未來從來都只會為人們帶來憂心，這份憂心本應是原動力。

　　放開一點，面對女人的 30 歲沒有甚麼好害怕，未來也沒有甚麼好擔憂的。

陳烈文：彷徨青年時

看陳哲民導演的《散後》（Apart），看到好幾張新面孔，他／她們演的都是大學生／大學畢業生，由 2015 年至 2019 年。對青年一代來說，是一大考驗，如何面對困境，突圍而出。

魯迅寫過多個短篇小說，收錄在《彷徨》一書。裏面沒有一篇的題目叫做《彷徨》，但每個短篇，說的是無助、無奈的人生。德國作家 Hermann Hesse（赫曼‧赫塞）的《彷徨少年時》，講青少年成長的困惑。少年十五二十時來到《散後》年輕一代，卻又過了少年輕春期，已是「憤怒青年」了。那彷徨、無助，與魯迅筆下的成年、赫曼‧赫塞的少年，並無分別，人活着，苦惱湧現時，不分年紀大小。

陳烈文說自己的英文名叫 Floppy：「懶散，是 floppy。我不算懶，就是有時候迷失了方向。大學畢業，不知做甚麼。仍未到社會工作，那算是我的 gap year，剛巧碰上機會，在陳哲民導演的《散後》飾演大學生。」

問：「那是一個怎樣的角色？」

Floppy：「係一個啱啱入大學嘅 freshman，性格比較內斂，怕醜，唔夠膽表達自己的想法。」

導演陳哲民對 Floppy 飾演的角色，這樣說：「他演阿輅是草根階層，覺醒較早。早段表現平平，演得較表面。」

演員會隨着狀態走，會進入角色。Floppy 與 Jocelyn（演 Jessica 的演員）的對手戲，擦出火花來。導演說 Floppy「較願意溝通，肯聽教。在中段跟他深談後，明顯有了進步。在第二階段補戲時，更有不錯的表現。」

有一場戲，「阿韜約 Jessica 食麵。」Floppy 與 Jocelyn 都「進入狀態了」。

導演說：「如整齣戲都有那一場的水平，就不得了。」

感情伏筆戲，兩人演來自然，不見誇大，演繹恰到好處。

Floppy 拍《散後》，是「真真正正第一次接觸電影拍攝。以前在中學、大學做話劇。讓我了解到電影與舞台是完全不一樣。」

電影講及的，卻又是 Floppy 一代人的故事，現實與電影，可有相似、重疊之處。

看《散後》，可見一眾年輕人，在銀幕詮釋年輕一代困惑。來到最後一幕，各走各路。讓我想起也斯的《茶》其中幾句：「偶然的相見相感／猶似遙遠的茶香飄忽／茶香總有苦澀呢／杯底的茉莉瓣／或聚或散成圖。」

後記

Floppy 說《散後》該不會有續篇的了。年輕人演過這套戲後，就像杯中茉莉茶瓣「或聚或散」。

Floppy 說他也算「憤怒青年」，大概年輕人心中，都

會有「團火」。

　　Floppy 並不懶散，他説 ：「努力同收成可以成正比。我可以預見將來的生活，就是我的理想生活。」

　　日後見到陳哲民，會游説他拍《散後五年・十年》。

陳烈文：演員、學生

曾令敏：舞台人生

「All the world's a stage」，莎士比亞説的，這句話，已成陳腔濫調（cliche）。但對曾令敏 Lilian 來説，她就是要在舞台上，扮演不同角色，詮釋別人的喜怒哀樂。

在英國居住超過十年的 Lilian，職業一欄，只填一個字「Actress」。舞台劇演員，以此為生，不是易事。Lilian 説：「演舞台劇，那是我的興趣，我的 passion。」

Lilian 在香港念小學時，參加「校際朗誦節」（HK Speech Festival）：「我第一次站在台上，面對觀眾，讀誦作品，既緊張，又興奮。這種感覺，讓我開始發掘舞台樂趣：drama、theatre、performance。」

2013 年 Lilian 在英國 Birmingham Royal Conservatoire 畢業，加入 acting industry 這行業：「我的最大挑戰（greater challenge），就是 audition 試演面試，一次又一次的落選：facing rejections constantly。」受此挫敗，別人會接受不了，Lilian 已有此抗體：「rejection proof」，每次面試，就是一次磨練演技的機會。Lilian 認為「audition is an opportunity to perform and meet potential future collaborators.」

Lilian 字典裏，沒有「失敗」這個字。是這信念，讓她在倫敦，一留就是七年。Lilian 十分珍惜每一次舞台演出，她的人生觀：「To live in the moment, rather than worrying about the future.」

英國的日子，Lilian「學會了獨立、自主 independent and self-assured。」

我們對談，不曾聽到 Lilian 半句怨言。即使疫情 COVID-19 來襲，Lilian 經歷了倫敦的 Lockdown，其間 Lilian 返回香港探親，隔了一段日子，Lilian 又選擇返回英國：「演出機會減少了，我可以做兼職，生活不成問題。我的演技有待改進，developing my skill set to further my acting，which I suppose is a blessing in disguise。」

Lilian 說：「只要肯考試（不管扮演甚麼角色，都不要拒絕）。我不用出名，我只想站在舞台上，扮演不同角色，演得出色，自能得到觀眾的掌聲。」

Camila（左）與 Lilian 在《Women of Tagore》的對手戲

後記

Lilian 從倫敦傳來她的最新搞作：「filming and recording an online version of 《The White Plague》。」

早前 Lilian 與另一名演員 Camila Piccinini 同台演出《Women of Tagore》，那是 Komola Collective 公司的製作，看了其中一個片段，Lilian 與 Camila 演繹精彩。那是 2019 年 3 月為國際婦女日的舞台劇。

今年聖誕，要是疫情過去，到倫敦一行，得到劇場，好好欣賞 Lilian 的演出了。

林彥卓：樓高五百層

到賽馬會創意藝術中心（JCCAC）參觀由十多位藝術家、建築師、生活行者和學生設計出來的《居住的幅度：房子是》（The Dimension of Living ： A House Is）。

其中一個設計《共廈戶融》（House as a common），教人眼前一亮的設計：一座五百層高的大樓。讓我想起傳說中的巴別塔（The Tower of Babel），又名通天塔，那高度是巴黎鐵塔（Eiffel Tower）的八倍。五百層的大廈，會不會是巴別塔的兩倍至三倍高呢。

建築師林彥卓 Rick 的回應：「你可以說，這是個 gimmick。我們做建築師的，有時要想得遠一些。將來我們的社區，要自給自足。A self-substaining tower，不是幻想，是可行的。」

與 Rick 一起策劃《共廈戶融》的，還有他的 Architecture 夥伴 Eric 何力輝。兩人的設計，有這樣的解釋：「我們的生活方式在未來幾十年中發生根本性變化。與其被動地作出反應，倒不如由下而上，提出既能尊重私人空間又不失鄰里互助的共居模式，及時為未來住屋問題找出路。」

Rick 說他們的上一代，哪會想到香港有朝一日，樓高百層並不罕見。那麼，下一代住上數百層高的大廈，也不

建築師林彥卓（左）與合夥人何力輝。

是不可能的。

《共廈戶融》的宣言：a cradle to cradle collective housing prototype，「為防氣候肆虐，我們正設計一座五百層高，樓面二千萬方呎，可容納十萬居民，自給自足的共居大樓。」

天馬行空的構想，卻是有根有據的。幾年前到荷蘭鹿特丹 Rotterdam，去了「市場大廳」Markthal，那是 MVRDV 建築設計的傑作。住宅、辦公、街市、商場放在一起，很有「共廈戶融」的特色。看來 Rick 的設計，不是得個講字。

Rick 說自 2012 年開始，公司先後參與不少社區建設，把建築新概念帶進他的 project：「像在流浮山的室內種植計劃，就符合 Urban Farming Prototype。大埔的青年宿舍，

是 Co-living 1.0。又有 HKIA Island-Peninsula，一個 self-substaining in-a-tower 的計劃，都不是憑空想像出來的。」

「我們的設計，是看到不同的人，對空間的需求不一樣的。有些空間，是可共用的。我們的下一代，既有自己個人私隱，但也不介意，在同一大廈內，使用可以一起分享的設施。」

後記

「Co-living」共居生活，看來不是一句口號來的了。

Rick 的構想：年輕一代，可以過「minimalist living」。年輕人再沒有「斷捨離」的問題。可以放棄物質（不必擁有貴重物件），而活得更自由（give up belongings for freedom in mobility and consumption of experience rather than materials）。

隨着生活態度改變，co-living 該是可行的了。

彼得・麥堅拿：塘鵝有魚可吃

過去幾年的夏天、冬天，皆會在 Glasgow 逗留十天八天，其間到亞皆老街幫襯 Gannet。那裏的菜單經常更新，起初仍有 a la carte，按餐牌點菜。近兩年則只能跟 set menu，有甚麼吃甚麼。不過，每次去都有驚喜，定食，吃出驚喜來，可不簡單。

離開 Glasgow 前，有機會與大廚彼得・麥堅拿面對面，聽他講述烹飪之道，成為大廚

彼得・麥堅拿：大廚、Gannet 店主。

經過，開設心目中的理想餐廳，又有甚麼困難。

Peter 說：「要做廚師，得先從洗碗洗碟做起。」

他不是說笑，他的第一份工，就是在本地酒店廚房做打雜，洗碗、洗碟。

「我的母親是名偉大的廚師，她給我示範大廚該注意烹飪細節。處理原料，每一步步驟都要跟足，不可大意。」

廚師要成大器，得周遊列國，到處學藝，才有機會闖出個未來。Peter 先學煮意大利菜，學了兩年，又到荷蘭工

作：「我甚至在宮廷做過助手，教我眼界大開，是一趟難忘的經驗。然後，又到倫敦，一邊做，一邊學。」

下一站，是澳洲，在雪梨歌劇院不同的餐廳當廚師。Peter 說：「在澳洲，我遇上了我的未來妻子。」那是 Peter 最大的「收穫」，澳洲工作，人工不高，不是問題了。

Peter 返回倫敦，不久轉到愛爾蘭都柏林當廚師：「在那裏，不怎樣得意。於是又去德國，在郵輪上做廚師，工資高，福利好，一做就幾年。」

兜兜轉轉，二十年過去了，體驗夠了。Peter 覺得是時候有一間屬於自己的餐室：「六年前，與 business partner 在 Glasgow 開了 Gannet。一間 fine-dinning 餐廳，我們提供的食物，價錢合理。而且，不同季節，menu 會有所不同。你夏天來，menu 就不一樣。」

對 Peter 說：「中國人也有不時不食的講法。」

Peter 同意：「我的 menu，個半月前就定好，是看屆時有甚麼 good stuff，可向食客提供。Plan ahead，才可以做 promotion，才可讓顧客吃得滿意。」

這個晚上的 set menu：有魚（鱒魚、僧魚），有肉（安格斯牛肉、紅鹿肉），還有甜品 Barley Bavarois，取價四十五英鎊。

後記

Peter 知悉我要到愛爾蘭都柏林過週末，推薦了幾間當

地的西餐館，説都是值得一試的。

　　返回香港前，再去 Gannet。這一趟，有新鮮帶子可吃。

對 Peter 説：「我要投訴啊。」

　　Peter 顯得有點緊張，問：「是甚麼呀？」

　　「食物好吃是好吃，就是多了一點點呀。」

　　Peter 鬆一口氣，笑了起來。

何雨琪：愛上一個城市

何雨琪（Marina Moreno）2019 年 8 月第一趟到香港：「Love at first sight，第一眼就愛上這個城市。」Marina 喜歡自己的中文名「何雨琪」：「這個名起得好，別人只看中文名，以為我是香港人。」

說得也是，認識一位律師朋友，把她的名與 Marina 的放在一起，別人會視她倆是姊妹來的。

「剛來香港，那是 8 月吧。家人很擔心，我告訴她們，比起 Barcelona（巴塞隆拿），香港安全得多了。這是一個 well organized 的城市。」

Marina 說：「Barcelona 的 Sagrada Familia（聖家堂）很有代表性，那是透過捐款，建設出來的教堂，動工至今，超過一百年了（1882 年開始，至 2010 年，算是完工）。我們西班牙就是這樣，有的是時間呀。」

西班牙人吃一頓晚飯，可用上兩三個小時，半年前在 Sevilla，與在當地大學任教的語言學家吃了一頓 tapas 當晚餐，花了三個小時。上了一堂 semantics，本該沉悶不堪的一課，但有十款不同滋味的 tapas，用來送果酒 Sangria，我可不介意再多上一堂呢。

Marina 愛吃廣東點心：「那不就是你們的 tapas 麼？」不過，Marina 說 Paella 才是她的至愛：「Paella，西班牙大

何雨琪：來自西班牙的交換生。

鍋飯，也可以是人鍋麵，煮法變化多端，配料款式繁多，吃不厭的。」

談到學習中文，Marina 在巴塞隆拿大學已學過一點中國語文：「到香港來，選修中文，是希望對中國文化，有更深入的認知。中文字，不容易寫，不容易念啊。」Marina 不是在訴苦，是說學懂一個字，就有多識一點中國文化的喜悅。

Marina 念 Marketing and Management，懂中文，日後留在香港，或到內地工作，會有優勢的。Marina 說：「香港人十分友善，對我這名『鬼妹』好好，可能我對別人也很好，我愛笑，別人也會對我笑。」

西班牙人就是有那份「天真的樂觀，超現實」的視野。Marina 說：「作家 Cervantes 的《Don Quixote》，寫出西班牙人愛夢想，有時，所作所為，並不實際。就像畫家 Dali，作品天馬行空，卻很具啟發性。」

「年輕一代，不看 Corvantes 了，而看 Carlos Ruiz

Zafon 的《The Shadow of the Wind》。」

　　Marina 在大學，不是念文學，她説得好：「西班牙的文化，在我們的生活當中，看畫展，看小説，看教堂，都是我們生活不可或缺的一部份呀。」

　　當然，還有 Marina 愛吃的 Paella。

後記

　　Marina 到過不少歐洲的城市，但到過，生活過，不一定就會那麼容易「愛上」的。「香港，讓我愛上了」，我們在這裏生活，一切視之為「理所當然」，習以為常。Marina 説在中環，看到高樓大廈當中的石板街，仍保留昔日香港面貌：「這是香港的魅力，砵甸乍街，該是我喜歡的街道。」

黃莉娜： 鏡頭下的光與影

　　見黃莉娜 Lina 的那一個下午，她剛從秘魯回來。Lina 説：「這一趟去秘魯馬丘比丘 Machu Picchu，來回機票才港幣 5,843 元，9 月底去，10 月中回來，兩個星期遊秘魯，當然意猶未盡。民宿價錢合理，港幣 199 元一晚，還包早餐呢。」

　　Lina 是「風景及生態攝影師」（Landscape and wildlife photographer）：「但我最喜歡做『探險家』（Explorer）呀。」

　　她的近作《南極企鵝北極熊》，攝影展示出來的世界：大自然風光，企鵝與北極熊的生活，引人入勝。書中主角卻是另有「其人」：「可愛的海豹 BB。」

　　Lina 説：「圖中的海豹 BB，只有十天大，照片是在加拿大馬德蘭群島 Les Iles-de-la Madeleine 拍的。海豹 BB 身軀呈白色，不懂得游泳。兩個星期過後，毛呈灰色，BB 的母親會離開小海豹，BB 就得下水，覓食去了。」

　　談到自然生態，Lina 的話題可多：「海豹要靠冰，2016 年，冰溶得快，海豹死得多，有近七成的 BB 海豹活不下去了。」

　　「北極熊白雪雪的，懂得『扮冰』，來捕食海豹。隨着氣候環境改變，北極熊因食物不夠，也不生小熊了。」

　　全球暖化問題嚴重，Lina 在北極、南極，看到暖化對

南極企鵝、北極熊，還有海豹的影響。Lina 在《南極企鵝北極熊》序言有這幾句：「希望讀者未來在生活上多一些喘息的空間，多一點生存的機會。」

Lina 不是一年四季，都可以到冰天雪地，觀賞大自然風光、動物生態的：「我也得工作的呀。從加拿大回來，我先在猶太人公司打工，學會一個人做五個人的工作。公司讓我有很大的自主權，學會『執生』，懂得應變。那七年，我走遍中國大江南北，見識到北方人的豪邁。然後我又轉到日本公司工作，體會到不同文化的魅力。2010 年，我想學自己喜歡的事，我修讀紐約的攝影課程，對光與影的世界着迷。憑着攝影機，捕捉大自然風光，鏡頭下的影像，就是我要讓讀者看到的景物。」

Lina 帶來她另一本著作《環球極光攻略》，説：「你看過此書，是一定會想去看極光的。」

後記

Lina 説一有空，還是會再去南美的：「那裏的人夠樸實，生活簡單，很實在。食物也簡單、地道，不見花巧。有一次，在玻利維亞，我們所在的汽車出現故障，有路過的司機過來幫手修理。向他道謝，他的回應：『要是我的車「死火」，一樣會有熱心人士過來幫忙的。』」

南美阿根廷巴塔哥尼亞

黃莉娜和十日
大的海豹 BB

附錄：   黃莉娜

　　今趟席捲全球的疫情令人看到地球的生命其實何等脆
弱，所以如果有人問我在疫情過後，會不會繼續探索大自然
生態？我會二話不說地回答：一定會！面對空氣污染引致的
地球暖化，世界各地出現了異常天氣，不單衝擊着人類的生
活，也大大加速了物種的滅絕，地球真的生病了。在這生態
危在旦夕的時刻，作為一個生態攝影師，我很希望可以把生
命的一點一滴以照片、視頻和文字記錄下來，冀望將來有機
會與下一代分享。動植物可以在沒有人類的情況下生存，但
是人類決不可以在沒有動植物的地球上延續下去。

Maria Jasin：DNA 的突破

見 Maria Jasin 教授的那一個早上，事前雖然做了 homework，看過她談 DNA 兩條鏈（Two strands）的研究經過，而她研究成果，讓她獲得 2019 年邵逸夫獎（等同諾貝爾醫學獎）：生命科學與醫學獎。以為是看懂了，其實是不明白其中道理。

Maria 笑着說：「那是躲在實驗室，在不見天日的情況下，研究出來的成果，三言兩語，沒法說個清楚明白的。」對於我的「無知」，Maria 視之為常規。她得用簡單語言，解釋她的理論，讓我這個 layman，知多一點 DNA 兩條鏈是甚麼一回事。

我們先來一杯香濃黑咖啡。Maria 說對抗 jet-lag，喝黑咖啡有效的：「不過，待會還是要睡一會的，然後，趁着典禮前，到香港遊覽一下，就不會覺得疲累了。」Maria 的「指定動作」：每到一個城市出席會議，發表論文之餘，看風景、嚐美食，不可或缺。

言歸正傳，Maria 解釋：「DNA 有兩個 strands，因為 DNA 是由如同骨架的 phosphodiester bonds（磷酸二酯鍵）通過化學鍵作用連結 Ribose（核糖）形成鏈狀，而每個 Ribose 上通過化學鍵與一個 Base pair（鹼基對）結合。」

Maria 進一步指出 Double strand 出現的變化會引發癌

症。她與研究團隊能夠成功修復 double strand breaks 現象的兩種機制。

「第一種稱之為 non-homologous ending joining（非同源性末端接合）。第二種機制為 homologous recombination（同源性重組），通過在 DNA 之間交換類似或相同的 nucleotide sequence，來修復失去的 DNA 片斷。而又可以減低 DNA 的變異（mutations）。對醫治癌症，這發現，有了很大的突破。」

二十年來，Maria 說她的研究引來回響：「如今實驗室設備，highly sophisticated，與我剛開始的研究，完全兩回事了。」

Maria 說科研的樂趣，無窮無盡：「一走進實驗室，空間看來細小，裏面的學問可大，夠我忙一輩子了。」Maria

是第一位成功提出修復哺乳類動物基因組（genome）具可能性的學者。

後記

這個晚上，在台上，Maria 分享她的成果，她的發現：「對於設計基因疾病的療法，尤其是癌症治療，很有幫助。」

Maria 如 是 說：「This revolution brings the clear promise of disease cure/ amelioration and allows gene editing of organisms across the phylogenetic tree, which is transforming our understanding of biological process on this earth.」

譚樂希：探討深層文化空間

　　到灣仔「何鴻毅家族基金」辦公室見作曲家譚樂希
Hei 那一個下午，出席的人可多。長枱一方是 HK Phil（港
樂）的職員，另一方是基金工作人員。香港管弦樂團（HK
Phil）委約獲得「何鴻毅家族作曲家計劃」的譚樂希 Hei，
於 2020 年 1 月 23 日，在香港文化中心音樂廳，由梵志登
JAAP 指揮 HK Phil，詮釋 Hei 的世界首演新作。

　　見 Hei 之前，看過他的介紹，他作曲，已有不錯成績。
不少團體，演繹過他的作品，包括 JACK 弦樂四重奏、Cas-
satt 弦樂四重奏、香港兒童合唱團、曼哈頓交響樂團。

　　與 Hei 的對話，很快進入狀態，對身邊坐着的一夥人，

譚樂希：作曲家

171

視而不見，我們不再感到有壓力了。

Hei 對他快將面世的新曲，由 HK Phil 演奏，梵志登來指揮，感到十分高興：「我仍在構思，該怎樣把我心中所想的，用音符表達出來。」

Hei 其實心中有數：「到 10 月，該有眉目，到時，有『譜』了。」

Hei 是九十後，屬於 Slash 一族，同一時間，可以做幾個 project：「我為鋼琴獨奏作曲，9 月要完工。在作這首曲時，我亦會想下一首曲目，該怎樣鋪陳出來。」

曾在美國 NYU 讀音樂的 Hei，對電影配樂，也有研究，對流行文化、電影樂曲，並不抗拒，説日後可以為電影作曲，實屬美事，在美國印第安納大學積可斯音樂學院攻讀作曲博士學位（Jacobs School of Music Indiana University）的 Hei，不會只躲在象牙塔內，從事古典樂曲研究的。

Hei 説他念文科出身，深受中國文化影響：「簡單的民謠《月光光》，有着文化根源。我作曲，是由淺入深。中國哲學，對動與靜的解釋，與西方很不相同。就像西洋畫與中國水墨，油畫色彩填滿畫布，中國水墨會留有空白，那空間感，讓我們多了一種想像。」Hei 説這個「空間」，帶出音樂更多的可能性，他的全新曲目，會朝着這方向邁進。

說得有點抽象了，卻是可以理解的。Hei 説：「作曲，講求『自我實現』，那是一個 self-discovery 過程，追求的

是個人風格。我講求『技巧』、『視覺』、『風格』。沒有技巧，沒法把自己所想的寫下來。視覺，聽得到，看得見的。風格，乃自我的表現。」

「我作的曲目，由複雜開始，如今簡單多了。」不管怎樣變，「復得返自然」是 Hei 的作曲方向，「化繁為簡」，達此境界，一點不簡單。

後記

約好與 Hei 見面，是在明年 1 月 23 日，他的新作會在文化中心亮相。Hei 說：「可與聽眾一起分享我的成果，理解和欣賞我的作品。」屬賞心樂事。

「我很享受創作自由，藝術創作，可以天馬行空，沒有『框架』的限制，我喜歡。」

瑪莉安：來自米蘭的聲音

瑪莉安‧查芭斯 Marian Trapassi 說她在 Sicily 出生：「在那裏度過了我的童年，在那裏我開始愛上唱歌。這些年，我先後在 Rome、Treviso 住過一段日子。現今，我在 Milan 定居了。那才是我最為喜愛的城市：cosmopolitan, lively。」

Marian 在米蘭，一住就十一年。該不會像她年輕時，從一個城市搬到另一個城市，詠唱她自作的歌曲。

「我自幼喜歡 Beatles、Joni Mitchell、Francesco De Gregori 的歌曲。近年也愛上法國歌手的作品。」

從英國到加拿大、意大利到法國，Marian 喜歡抒情民謠，近似怨曲的樂章，Marian 說：「近年樂壇起了變化，CD 銷路不如理想。The music industry has changed dramatically。因為沒有出碟市場的壓力，我們竟變得有『話事權』了。可以更自由創作，寫自己喜歡的歌曲，唱自己的作品。」

欣賞過 Marian 的兩張 CD《bellavita larancia e altri viaggi》、《Vi chiamero per nome》，同意 Marian 所講：「Music and life are the same」。歌手可以唱自己撰寫的歌，用歌聲來展示對美好生命的嚮往，自由自在的生活，比看市場趨勢，迎合大眾口味而唱，有意思多了。Marian 說：「我

瑪莉安・查芭斯：意大利歌手

有教人唱歌。那可以賺取生活費的呀。」

曾與樂隊一起巡迴演唱的 Marian，最終選擇個人獨唱：「Solo，更自由了。去那裏都可以了。」從音樂廳到私人會所，到室外廣場，Marian 並不介意聽眾多少：「到來聽我詠唱的觀眾，是喜歡我作的歌曲，喜歡我的詮釋方式。」

Marian 喜歡 song writing：「我愛創作，透過旋律、歌曲，表達出我的感情來。當旋律與歌詞融合起來，它就有了生命，song take shape by themselves. It's like magic。」

Marian 愛上那 magic：「一定要原創才好。只有這樣，你才可以打動聽眾。」

Marian 相信「Writing is a process that grows as you live」，因此，她不會停止寫曲、作詞，更用自己獨特的聲音，把它吟唱出來。

後記

其後 Marian 把她最新作品《Bianco》傳來給我，Marian 在 email 說出心底話：「那是與我家人有關的，我們怎樣面對生命中的悲哀，分享人生過程的喜悅。Bianco 是白色，代表了純潔、坦率，亦有着可以改變的意思。白紙一張，在上面寫下我們的想法。」

Marian 詠唱的《Blu》藍調，很有怨曲況味。再聽《Solo una parola》節拍輕快，很見喜悅之情。不就是 Marian 所講的生命的 ups and downs，皆可詠唱出來的。

陳恩碩：詠唱出來的青春

看過音樂劇《我們的青春日誌》（Our Journal of Springtime the Musical）的 trailer，才去找該劇編導陳恩碩 Tom，讓他現身說法，他為甚麼喜歡透過音樂劇，把他的想法向觀眾展示出來。

Tom 遞給我的宣傳音樂劇單張有這一句：「認為是對，就去追，別讓這遺憾留在心裏。」

導演陳恩碩（前）與演員丁可欣

Tom 說：「就是音樂劇有此能耐，可以把舞台劇不止是靠對白，而是用歌，用舞蹈串連起來。處理得宜的音樂劇娛樂性豐富，打破語言障礙，a real breakthrough，內涵豐富，雅俗共賞。」

不是賣花讚花香，Tom 說他對音樂劇情有獨鍾：「看到叫好又叫座的音樂劇，很能引起共鳴。我想：『我也可以向着這條路進發的呀！』」

坐言起行，怎樣走出第一步呢？「到英國念戲劇，要錢的呀，我父母支持我去實現夢想，借錢給我（要還的呀）。」

Tom 說他的決定沒有錯，他是一步一步地把他的夢想

實踐出來:「我一身兼數職,作曲填詞(那是音樂劇的靈魂),編與導,監製,一手包辦。」Tom 說難度最高的是「要睇住盤數,收支要平衡呀,不然的話怎樣找人資助呢。」

《我們的青春日誌》經過「不斷試演,聽到不同年齡觀眾的 feedback,我一直在 fine-tune 此劇。從構思到演出,用了一年多時間,其間圍讀劇本,有四次之多,今次理工大學賽馬會綜藝館演出十場(由 7 月 23 日至 28 日)。對我來說,是「A dream come true。」Tom 如是說。

Tom 對選取音樂劇角色十分嚴謹:「唱功是最重要的,音樂劇是以唱為主呀。但演同樣重要,要識得做戲才成的。每個站在舞台上的演員,都是經過 audition,要過我這一關。」

Tom 是個要求極高的導演,對演員要求高(如今他對所有參加演出的演員十分滿意了),他對舞台設計更是絕不馬虎,做足一百分。

那天晚上,我們一同吃飯,席間一位資深製作顧問「爆料」,說有一次 Tom 負責某劇舞台設計:「他設計了一個極之複雜的佈景,最大的問題,整個設計得從門口搬入去,佈景太大件,搬不出去。」

Tom 說,這一次的佈景不會再重蹈覆轍的了:「我們是十分重視舞台設計(單調設計,觀眾會看得不耐煩的),用現場樂隊伴奏,還有二十多首原創歌曲。」

後記

　　Tom 傳來他的信念：「不論做甚麼，都得準備好自己，
將來才有選擇權去走自己路向的機會。不管多大困難，肯
去做，總有出頭一日。」

　　Tom 希望有這一天，可以把《我們的青春日誌》拍成
電影：「《我們的青春日誌》有紮實的 story line，有此可
能的。」

瑪莉：手工製作的樂趣

在西班牙 Granada Al-caicera 市集，走了一個小時，看到不少手工藝品，迎合遊客的小擺設、布袋、皮包、背包，顏色過於鮮艷，雖然價格便宜，卻不怎麼好看。精緻一點的，卻是不便宜，捨不得買。

沿着小石路往山坡走上去，卻見路旁有一女子擺地攤，賣手製飾物，不遠有一男子在彈奏結他，自彈自唱，結他盒放在他跟前，盒內只有幾個一元歐羅硬幣。女子

瑪莉：手工藝藝人

對我們説：「你們看看我親手製作的藝術品，那是我的心血來的。」

在市集旁擺地攤，算是藝高人膽大吧，我們走得倦了，正好停下來欣賞女子手工藝，旁邊還有結他手在彈唱呢。

女子報上名來：「我叫 Malik，來自荷蘭 Arnhen，我母親是土耳其人，父親是荷蘭人。」年輕一輩的都愛給自

己一年 gap year，大學畢業，就是愛出外作逍遙遊，經歷人間的苦與甜。Malik 說：「我自幼就愛做手工藝、繪畫、設計。沒想到如今周遊列國，我的食宿旅費，就是靠賣我的手工藝術品。」

Malik 用一條銅線，就可屈捲出一個戒指來：「用一條銅線就夠了，這戒指可不是把幾條銅線扭成的。」一隻銅戒指，取價五歐羅，那是放在地攤上最便宜的飾物。

Malik 曾經到西班山區參加環保工作，在那裏認識了一位來自美國南方的背包客：「我們都是環保分子，起初以為不同國籍人士，可以為同一理念，在別的國家做義工的。沒想到我與美國女子皆無法融入當地社區，只好提早離去。美國女子先到了摩洛哥，而我則留下來一段時間，希望賣出我的手工藝品，賺取點旅費，然後與美國女子在摩洛哥會合，繼續我們的旅程。」

Malik 說：「其實我可以返回荷蘭工作的，要是我需要旅費，父母會很樂意資助我，或是借錢給我，不收取利息。但我就是愛自食其力呀。」

我們遂買了兩件最便宜的飾物。Malik 說：「這年代背包客可真不少，他們不少在街頭彈電子結他，詠唱民歌，或流行歌。我倒是愛擺賣我的手工藝，我不會到跳蚤市場，那裏行貨太多了。還是在街角擺賣好多了，不用與別人競爭呀。」

後記

問 Malik，做「小販」，辛苦不辛苦。Malik 笑了，說：「那是體驗生活呀。我不會做小販，一直做下去的。」

Malik 把她 email 寫下給我們，說：「下一站是摩洛哥，可能不會再賣手工藝了，那裏的 craftmanship，可要比我的出色多了。」

拿沙羅：馬介休的滋味

酒店的 concierge 說：「外面風大雨大，這個晚上，你們不一定要外出覓食的，酒店地下層的餐廳的正宗葡國菜，值得一試。

相信 concierge 所講，過去兩天，他介紹的地道里斯本小吃、葡國餐，取價公道。很有特色的葡國本地菜，讓我們吃得滿意。

我們是有此錯覺：酒店的葡國餐廳為遊客而設，為了迎合遊客口味，吃的多會是改良葡國菜，難有驚喜。

侍應 Fernando Ramos 對我們說：「來這裏吃晚餐，多是本地人，不是遊客。因為價錢合理，而且，我們提供的，都是地道葡國菜。」

來自巴西的 Fernando，說得一口流利英語，曾在郵輪上工作，來到里斯本，留下來，不肯返回里約熱內盧了。

Fernando 介紹我們試試廚師菲力彼‧拿沙羅（Felipe Lazaro）的拿手菜：Empada de pato recheada（釀鴨餅）、Lombo de bacalhau tradicional（傳統馬介休）。

鴨餅值得一試，馬介休，在澳門吃過了。炒、焗、炸、焓的 bacalhau 都試過了，這用鹽醃製而成的鱈魚 codfish，還有甚麼新意可言呢？

Fernando 說讓廚師 Felipe 出來介紹他的煮法吧。滿臉

笑意的年輕大廚出來了。Felipe 說他的英語不太靈光,讓 Fernando 做翻譯好了。

Felipe 現身說法:「處理鹽醃的馬介休過程簡單,但要有耐性。先把馬介休放在清水一個小時,把部份鹹味洗掉,再把它放進注入牛奶的鍋子裏,半小時後拿出來,用清水沖洗一下,用慢火來把魚煮熟。剛才你們叫了傳統馬介休,我已把它放進注入牛奶的鍋子裏了,待會進去,就準備燒薯、炒芽菜,那是今天馬介休的配菜。」

Felipe 中學畢業後,不想讀大學:「我喜歡烹調藝術,遂入行學廚藝。」Felipe 最喜歡煮葡國菜:「不要以為煮馬介休容易,我是試過很多遍才可以弄出一道像樣的馬介休來的。」

Felipe 聽說澳門的馬介休款式甚多,很感興趣。他說有機會一定要去澳門看看,那裏的葡國菜與里斯本的有甚麼不同。

談話到此為止,Felipe 到廚房準備他的「Lombo de bacalhau tradicional com grelos salteados e batata assada」。

後記

咖啡時刻,Felipe 從廚房走出來,問:「怎樣?」Felipe 是想知道他的馬介休弄得怎樣。

據實回答:「魚身爽滑,有鹽味的鮮魚,很好吃。就是不知道馬介休浸過牛奶,變得香滑,還是你的廚藝了得。」

　　Felipe 笑着回應：「牛奶起了作用，我的廚藝也不差。」

　　Felipe 接着説：「七八月是沙甸最多的月份，你們到來，吃烤沙甸，不用割除內臟的沙甸，整條烤出來，最為好吃呢。」

菲力彼・拿沙羅：里斯本廚師

路加・積林：地球懸太空

這個晚上，與路加・積林 Luke Jerram 一起欣賞他的巨型裝置藝術作品 Installation art work: GAIA ──一個高空懸掛着的地球。

Luke 説：「半個世紀前，太空人在前往月球的太空旅程，看到地球在太空，藍的是海，白的是雲，啡的是陸地。驚嘆一句:真漂亮。」

「這是我們的家，惟一可以寄居之地，我們該好好珍惜啊。」Luke 説希望他的 GAIA，讓觀賞者知道「環保」的重要，該愛護地球。

「我這個『地球』，隨着我到世界各地，在不同的地

路加・積林：藝術家

方，展示出它的魅力來。」

Luke 有着藝術家的脾氣：「Being spontaneous」，即
興的設計，「being creative」行先：「一件作品擺放開來，
還得靠專業工程人員的幫手，problem solving、safety first，
都是裝置藝術必須解決的問題。天馬行空的想像，還得落
實，才可以成事，擺放出來，讓公眾欣賞。藝術品，可以
與觀賞者互動、交流、溝通的。」

Luke 說他的設計，不一定是那麼「大件」的：「我設
計過一隻戒指，戴上去，會有音樂放送出來。很特別的藝
術品，用來求婚的。只此一件，沒有 copy。」Luke 說那戒指，
現屬他妻子所有，不能拿出來，作藝術展品了。

說回他的 GAIA，Luke 說月亮掛在天空上，可看得多
了。地球，可由月球上看回來，才不過五十年光景：「Looking
at the earth from a different perspective，十分難得。它啟
發我們去思考：人類，在這宇宙，看似微不足道，卻是有
着不可推卸任務，我們保護地球，義不容辭。」

Luke 用另一個角度看宇宙，看人，看事，經過他有心
思的處理，成為一件藝術品：「像 GAIA，我用了一年時間
構思，得到政府資助完成的作品，先在英國展出，然後去愛
爾蘭、台灣，再到香港。在香港的 GAIA，在空中可以自行
轉動的，自轉一次需時四分鐘，比地球自轉快了三百六十
倍。它的體積，比地球細 1.8 百萬倍，一個 CM 等於地球
18Km。」在 211M 距離向 GAIA 望過去，就像晚上，我們

站在地上，望着地球。地球的大小，一如我們站在月球上。我們看見地球，在黑漆一片太空中，發出藍白光芒來。」

後記

Luke 試過在同一社區，擺放五十具鋼琴，讓市民彈出他們想彈奏的歌曲、樂章來。百花齊放的場面，該很壯觀吧。

GAIA 之後，下一個 Project 會是甚麼來的。Luke 笑着回應：「這一刻，我仍沒有想到，下一個 installation art，會是甚麼。不過，在我乘坐返回英國的飛機上，說不定我就會想到了。」

那就等待 Luke 下次到來，帶給我們另一個驚喜之作吧。

王維：體驗自我價值

　　在某個中秋節前夕，王維 Jason 應邀上台念唐代詩人王維作品《竹里館》：「深林人不知，明月來相照」，我們聽過 Jason 的獨誦，都喝彩叫好。那一刻，想到「今月曾照古時人」，詩人王維作《竹里館》，該不會知道，千百年後，有同名同姓，話劇團演員王維，在朗誦他的詩。

　　出色舞台劇演員，透過身體語言，演員與演員之間的對白，推動劇情進展，牽動觀眾情緒，Jason 是有此能耐。

　　這個晚上，觀賞 Jason 在舞台上演出他《驕傲》（Pride）。舞台上一眾演員，皆能演好自己的角色，可惜欠缺「化學作用」，未能擦出火花來。不過，王維的 monologue，仍是十分精彩。要是由他演出《等待果佗》（Waiting for Godot），作為告別劇團之作，該更有震撼力。

　　舞台劇《驕傲》，探討「香港人身份」的困擾。「非

土生土長」的 Jason，會説廣東話，會講英語、普通話。與「香港仔」「香港女」又有甚麼分別呢。《驕傲》的男主角叫 Jason，與王維又是用同一個英文名（是巧合，還是編劇王昊然為 Jason 度身訂造這角色，連英文名也一樣）。

謝幕過後，與 Jason 消夜，他説：「該是巧合吧，我決定離開話劇團，才接到演這台戲，主角 Jason，竟有着我的影子。外來（從廣州過來）的專業人士，在香港找到第一份工，到香港話劇團『上班』。」

二十年來，Jason 在舞台上扮演過無數角色，包括《長髮斷靈》、《遍地芳菲》、《蝦碌戲班》、《有飯自然香》。

「角色有辣有唔辣，但無得揀，職業演員嘛，派你做甚麼角色，你就要做甚麼角色。説真的，有時候，我也不知道自己在做甚麼，在演甚麼。」

即使如此，Jason 還是可以做到「演乜，似乜」，一如他在音樂劇《太平山之疫》、《酸酸甜甜香港地》，他唱歌、跳舞，同樣精彩。

Jason 説：「我最喜歡的是《鐵鈎船長》，由英國來的特技組，處理舞台技巧高超。我演得開心，到來看的小朋友更是看得眉飛色舞，十分投入。」

深受蘇聯劇作家 Stanislavsky（斯坦尼斯拉夫斯基）理論影響的 Jason，説「要是我可以選擇，我會只演我喜歡的舞台劇。」

Jason 説：「編劇是第一度創作，劇本交到導演手上，

進行第二度創作，然後由演員詮釋角色，遂有第三度創作。
以後，回復自由身，我可以有一二三度創作了。」

後記

　　退出香港話劇團，Jason 仍會做與「聲音」有關的藝術
工作：配音、廣播，在舞台上，只演他喜歡的角色。

　　「有得揀喜歡的角色，人生才有意義。」Jason 如是說。

羅思敏：無條件的關懷

看過羅思敏 Dana 撰寫的《醜小鴨的抗欺凌日誌》，想找 Dana，談談她的作品，更想問問她，「衝症三招」，是甚麼一回事。

談到校園欺凌，多是講到一班人，對一個人動手動腳。Dana 的回應：「Physical bullying 較易被發現 / 報道，所以受到注視。」Dana 的創作，是「一直備受忽略的『智慧型欺凌』故事，如 psychological bullying。」要改變這現狀，得「加強人文素養的培　訓，fight against school bullying。」Dana 說：「否則小孩們長大後，投身社會後也會習以為常，啞忍兒時受害，長大後為欺凌者，『蝦』返弱小過自己的人。」

羅思敏：家庭醫學專科醫生

　　讓我想到粵語片慣見的場面：奶奶「蝦」新抱（媳婦），新抱日後成為奶奶，又會「蝦」剛進門的新抱，惡性循環之事，沒完沒了。

　　談及行醫之道，我們仍會說「醫者父母心」。Dana 說：「近代提倡醫患平等，我不會以『父母』身份來診症，因為我不是站在病人之上，而是站在病人旁邊，同行。可稱之為 unconditional positive regard，無條件的關懷。」

　　實況又如何，在醫管局工作的醫生，想「無條件的關懷」病人，談何容易，遂有「衝症三招」。「醫生有他的苦處」，Dana 現身說法：「遂有第一招，No eye contact，醫生不望病人，只望電腦，非無情也，沒時間也。一望病人，就要多講幾句，門外的病人就要等多陣。一天下來，就要遲下班，不光影響自己下班，而是影響其他人收工。第二招，Non-touch technique，拍拍病人，是關心的意思，但不能用。病人受到關注，說話會更多，一如有 eye contact，病人會多問幾句。第三招：講嘢無尾音，那就可以把要講的話，快快講完，節省時間。」

　　該寫一篇「醫生之苦」，政府醫院、診所醫生一天看症，超過一百宗，只得用「衝症三招」了。其實，醫生都想實踐「無條件的關懷」信念的。

　　「醫生是人，看似無情卻有情。」Dana 如是說，「只是現實與理想，那落差太大了。」Dana 談及自己行醫心路歷程，分幾個階段的：「第一階段行醫，只求不要累病人，

讓自己可以有時間瞓覺和食飯。第二階段初嘗拯救到病人的滿足感。第三階段，覺得做醫生是一種福氣。感激我的病人，是他們各自的故事，多年來鼓勵着我，證明人世間仍然有愛，有善良的人。」Dana 認同「醫學人文」精神，「只是社會充斥着太多物質，追數字文化，把它忽略了。」

後記

其後 Dana 傳來她出席「一個關於欺凌的故事」講座，向在座同學分享她的看法：「同學反應熱烈，原來小五生已經有他們自己的 core values。」看來 whole school approach，得與時並進了。

Dana 還編了一個舞台劇《燃竭好醫生》，寫出醫生的苦況。出現在舞台上，有醫護、病人、職工，寫出當前醫護困境，看了教人動容。

董芷菁：從二胡到 Satar

　　說起學二胡，董芷菁
Ching 說要「多謝優質教育基
金」了。從小學四年級開始至
中學二年級，Ching 沒有停止
學習這樂器：「愛上二胡，欲
罷不能。到了中二，我進入反
叛期，停學一年，不過，捨不
得呀，二胡陪着我過的童年、
少年。中學畢業後，入讀 APA
（演藝學院），兩年文憑課程，
做了一年 visiting student，然
後花了三年，讀了個學位。」

董芷菁：試拉 Satar

　　Ching 的主修當然是她的至愛：二胡。

　　談到在大學幾年，除了演奏二胡，達到一定水準外，
Ching 還明白到成年人世界，沒想像的美好，她說了一句：
「世途險惡」。「不過，回想起來，那是對我好的，做人，
不可太天真啊。」Ching 對我講了一些同學之間的故事，我
覺得那不過是茶杯風波，不算甚麼，但對一名大學生來說，
「到底意難平」，是可理解的。

　　談到畢業演奏會，Ching 說：「Recital 五首曲目：秦腔

主題隨想曲、流波曲、規則的情感（委約創作）、火——彩衣姑娘、第三二胡狂想曲，我是全力以赴，奏出生命火花來。」

Ching 有些同學一踏出校門，就開始「搵真金白銀」了：「他們畢業，學習到些為些，不用再那麼辛苦了。對我來說，那才是個開始。」

Ching 並不那麼在意搵錢，她報讀中大人類學，要擴闊她的視野：「世界那麼大，二胡以外的天地可廣闊呢。」Ching 讀的是「文化人類學」，為了對新疆有更多認識，她2016 年暑期，2018 年冬天展開文化音樂之旅，甚至花時間學習彈奏新疆人愛用來抒發感情的樂器：Satar（用維吾爾文拼音，樂器叫薩他爾）。

為甚麼 Ching 對新疆文化、音樂，情有獨鍾呢？

Ching 的回應：「新疆風格的二胡樂曲《天山風情》、《陽光照耀着塔什庫爾干》充塞着異國風情。小時候練此曲目，讓我對新疆充滿好奇。」

兩次新疆之行，讓 Ching 對那裏的文化、音樂，有了深層次的認知。學習新疆人演奏用的 Satar，更讓 Ching 眼界大開：「不好找人教我彈奏 Satar 啊，我是透過錄影，又問了一位肯在我面前露一手的新疆人，總算學曉彈奏簡單樂曲。」

Ching 的心願：有那一天，她拉二胡，新疆維吾爾族樂人拉 Satar，展開二胡與 Satar 的對話。

後記

Ching 有着年輕人的熱情，對音樂的熱情：「希望可以用音樂連繫世界，我相信可以以人類學教我的方式去認識世界，認識各種文化，再以音樂回應世界。」

附錄：2020——可能是我的人生分水嶺　　　董芷菁

我是董芷菁，一個中五畢業便進入演藝學院學習音樂的香港九十後。演藝學院就像職業導向所：在演藝的五年，整個人都完全沉迷於音樂之中——日復日的練習、排練、練習、排練……到了我畢業的一年，要獨力完成一場四十五分鐘的個人音樂會。日夜琢磨個人音樂會中五首樂曲的我，面對着第一次獨佔舞台，竟然漸漸想到如何令觀眾從音樂中感受到自己所想和感受，再想到：為甚麼他們要來聽音樂？音樂對於人們是甚麼？想到最後，究竟音樂的本質是甚麼？我不懂。

這段時間對我影響很深，於演藝畢業後，跟隨民族音樂學家黃泉鋒博士學習，隨後往中文大學修讀人類學碩士，啟發了我以多個角度了解人們、生活，甚至一個族群的文化。以音樂表演者及教學為我的事業主軸之餘，近年也開始了文字工作及策劃藝術活動。藝術，除了記錄時代，也是超越時空的產物：在歷史有着循環，人們經歷大同小異下，前人的藝術或音樂，更加似是一面鏡子讓聽者看到自己。最後，作為藝術工作者，我希望能以藝術回饋社會，為我們的時代創造文化記號。

李偉民：感性與理性

與李偉民 Maurice 見面那一個下午，遇上大塞車，我們遂改了在某酒店二十八樓的咖啡座，面對面對坐，談起話來，更感方便。

花了幾個晚上，看完 Maurice 結集成書的《佬文青律師》，Maurice 的序言：「小時候，我姐姐叫我『細佬』。『細佬』是弟弟，『佬』是中年男人。數十年後，我真的變了『佬』，也曾是個『文青』，當然靠的是律師為生，三者加起來，便是『佬文青律師』。」是為書名。

對 Maurice 説：「看你的文章，不見『佬』味，沒有賣弄你的專業知識，十分難得。」

當然知道，做律師，得講理性，才可冷靜處理事務。做文青（如今仍有文藝青年麼？），得講感性，書寫出來的文章，才能打動人。Maurice 的雜文，有着律師的機智，條理分明，是他對社會現況觀察入微，説起話來，一針見血。

待喝過第一口茶、第一口咖啡，Maurice 對我説：「香港這個社會，so rich，yet so poor。」又説：「隨着社會經濟發展，吃喝玩樂成了大眾認同的生活取向。這一代人，最怕思考，對藝術文化，多採取不聞不問態度。」

Maurice 所講的「so rich，yet so poor」，説的是一般

李偉民：事務律師、作家

人的精神生活，乏善可陳吧。這位愛寫作的律師，說靠寫稿為生，不可能的。

Maurice 説：「我的文章，在網上刊登，追看的人，遠勝買我書來看的讀者了。」

關於「網上紅人」，所知有限，Maurice 説他不算「紅」，但「跟」他的人也不算少：「在網上出現的文章，往往很快就有讀者反應，是即時的，也可以互動的。我有律師的專業知識，方便我去討論社會課題，但講的不是法律知識（硬道理沒人看的），而是看問題的觀點與角度，既要講道理，又得包裝得宜，hard sell，沒市場的。」

Maurice 愛藝術，文化政策。Maurice 身兼香港藝術發展局（HK Arts Development Council）副主席，希望日後西九的文化政策得以落實，而不是「只有表演，沒有政策」。

龍應台在她的《香港筆記》説過這幾句：「西九不只是地產開發，不只是觀光事業，甚至不只是文化產業，它其實應該是一個文化政策的實現。」

還是，像現今不少關心香港文化、藝術的有心人，「見一步行一步」。甚至有説「沒有政策，就是最好政策」。

Maurice 會怎樣回應呢，我沒有問。

後記

　　Maurice 傳來幾篇文章，有他喜歡的小說《解憂雜貨店》，小說改編成電影、舞台劇，他都愛看。又談到金馬獎 2018 年的電影《誰先愛上他的》，Maurice 說「平權大愛在於體諒尊重」。

　　有篇文章談到「人各有志」，Maurice 說「喜歡利用週末去看世界。一張機票，兩晚酒店，立刻飛到內地和亞洲城市，感受異地的生活，一杯咖啡，旁觀世態，是生命最高享受。」

　　這個週末，Maurice 會在哪個城市，看人生百態呢。

巴禾、依莎貝拉：從街頭到音樂廳

與 Pawel 巴禾、Izabela 依莎貝拉的面對面談，是在德國小鎮 Bamberg（班伯格）廣場進行的。

這個下午，我們從慕尼黑乘坐火車過來，而來自波蘭的 Pawel 和 Izabela，則從另一城鎮，來到這個有威尼斯水鄉之稱的班伯格。在小鎮廣場，小提琴手 Pawel 與大提琴手 Izabela 很有默契，交換一個眼神，就知道拉奏過 Vivaldi 的《Four Seasons》，下一個曲目就是《Coldplay Viva La Vida》。然後是 Beatles 的《Yesterday》。

我們在被巴洛克時期建築包圍着的廣場，聽二重奏，兩人拉奏起來，具個人風格的演繹，很能打動人。這可不是一般的 busking。街頭賣藝，有些演奏者只是交出行貨，着意討好圍觀的人。Pawel 與 Izabela 不像一般賣藝者，他們用心拉奏每一個音符，並不在意聽眾放下多少小費。午間音樂會結束了，放在地上的樂器盒有不少一元兩元歐羅，亦有五元紙幣。

Pawel 說：「我們 Busking，至今十年了。」

Izabela 與 Pawel 的街頭二重奏，從西班牙到法國，從荷蘭到比利時，從瑞士到奧地利，一個國家到另一個國家，一個城鎮到另一個城鎮，一站接一站。

Izabela 笑着說：「那麼巧，我們今天在 Bamberg 遇上

小提琴手巴禾與
大提琴手依莎貝拉

了。」

　　Pawel 説：「到美國進修，那裏開支大。為了賺取旅費、生活費，我們成了街頭賣藝常客。」

　　Izabela 説：「不要小看我們的街頭二重奏，我們的旅費、學費、膳食費，就是這樣一點一滴賺回來的。」

　　Pawel 説喜歡街頭表演：「街頭觀眾比較友善，笑容較多。不過，音響設備較差，Acoustic 當然不及音樂廳的好，街上人來人往，較為嘈吵。我們還是喜歡廣場上的氣氛，我們為路過的人提供免費娛樂，他們聽一首樂曲，甚至半首也好，看他們的表情，是知道他們愛聽我們拉奏。」

　　「有時我們會拉奏 Tangos、movie soundtrack，聽眾反應可熱烈呢。」Izabela 與 Pawel 說那不是刻意討好觀眾，是帶動氣氛，讓他們聽得更開心而已。

後記

　　其後 Pawel email 了一張他與 Izabela 穿上禮服拉奏樂章的合照。Pawel 說：「我們加入室樂團、管弦樂團，去過很多歐美國家演出，就是沒有到過香港。」

　　喜歡接觸不同文化，又愛與聽眾分享人生體驗的 Pawel、Izabela，哪一天到香港來，會是在街頭，還是在音樂廳演出呢。

街頭賣藝

梅雪瑩：功夫在人間

　　梅雪瑩 Rosetta 說：「我學會打拳，皆因自細過度活躍，坐不定。四歲那年，家人就讓我學功夫。」

　　眼前的 Rosetta，斯文淡定，不似打得之人。在浸大體育學系當講師。坐在咖啡室的 Rosetta 說：「我現在教太極，但我的南拳底仍在，仍然睇得又打得的呀。」

　　小學一年級，Rosetta 開始學南拳，六年下來，算有小成：「中一，十二歲，代表香港到北京參加比賽，沒有名次，但也不用包尾而回。到中四，參加九八亞運，拿了個第七，在東亞運動會，拿了個第六。而我的功夫，很難再上一層樓了。知道一個人的極限，很重要的。我轉而專心學業，到英國念 Neuro Science。」

　　Rosetta 說她的博士，念得可夠辛苦：「在實驗室做實驗，可以一個星期不說話。幸而我有功夫底。英國三年，當是磨練，生活簡單（其實十分單調），欠缺娛樂，食物更是乏善可陳。但我愛閱讀，愛運動，遂不以為苦。」

　　Rosetta 說要是她大學畢業後，仍留在美國加州：「既可享受陽光與海灘，又可教育武術。我有『功夫底』，教 Kung Fu，會有學生的。可惜在英國，不可以兼職教拳。」

　　Rosetta 說她是練武之人，做起事來，十分專注：「這一點，對我做學術研究，很有幫助，可以專心寫我的論文。」

Rosetta 說懂武術，人會變得氣定神閒：「我的活躍症早已不藥而癒。我懂得身體協調之道，所以我跳舞、體操，不用怎樣學，也會做得似模似樣。」

Rosetta 在大學教念中醫大學生打太極：「太極講天地人，講協調。Practical skill 要掌握得好（有些大學生連拍打籃球都不懂）。打太極，身體當然會好起來，對學習可有幫助呢。」談及拳腳功夫，Rosetta 說北方打的是「長拳」，南方打的是「南拳」：「南拳在狹窄空間也可以使出來，像在河道木船上，打起架來，多用南拳。」

「不過，我是不會打架的。」Rosetta 笑着說：「因為識功夫，就該知道，那是用來健身的。」

梅雪瑩：南拳運動員、浸大體育學系講師

後記

過了兩天，Rosetta 傳來幾張照片，一張是在舞刀。看過 Rosetta 打拳、舞刀，展示出來的功夫，有姿勢，又實際，說 Rosetta 屬於「打得」之人，沒有人會有異議。

另一張是在南美 Ecuador 進化島 Galapagos Island 拍攝的。Rosetta 與她最喜愛的藍腳鰹鳥 Blue-footed Bobby 一起拍照留念。

「要是當年在美國繼續研究生態進化：Ecology and Evolution。我留在進化島的日子，就不會只是幾天了。」

艾拔圖與露伊莎：佛朗明哥的激情

距離艾拔圖 Alberto、露伊莎 Luisa 上台跳佛朗明哥還有半個小時，負責 Flamenco 騷的經理人 Enriqne 説：「半個小時，足夠你問他們問題的了。他們的英語很一般，你不懂西班牙語，我當你們的翻譯吧。」

即使 Alberto 與 Luisa 的英語屬「有限公司」，我們還是談得挺開心的，不用 Enrique 給我們翻譯。

塞維亞（Sevilla）是佛朗明哥發祥地，Alberto 説他的「家族流的是佛朗明哥的血」：「我四歲就開始學跳 Flamenco，其實不用學，家人都跳，我便跟着跳起來。起初以為很容易，愈跳愈覺得 Flamenco，易學難精。我一跳就跳了二十多年，仍在學習，怎樣詮釋 Flamenco 的精神。」

Luisa 看起來比 Alberto 年長一些，她説：「我也是像 Alberto 那個年紀，就跳 Flamenco 了。男女跳 Flamenco，大大不同。要表現出來的濃烈感情，卻是一致的。跳 Flamenco，講合拍，講默契，我與 Alberto 在台上，合作過很多次了。配合得當，大家都很投入，很自然，發放出 Flamenco 的魅力來。」

Enrique 忍不住插嘴：「Flamenco 的 partner，沒有固定的。今天誰放假，是 Alberto 也好，是 Luisa 也好，自會有其他舞者上台，跳出來的效果，差不多的。」

Alberto 説：「要講合拍的。我喜歡與 Luisa 合作。我們一起跳，會擦出火花來。有時只有 Luisa 一個人跳，我便與樂手、歌手坐在台中央一角，拍掌、和唱。Luisa 看似在做獨腳戲，其實台上每一個人，都在扮演不同角色。都在彼此和應。」

Luisa 説：「我們不是在此跳『卡門』（Carmen），而是跳一些觀眾較為易懂的劇目。因此，我們跳的 Flamenco，多點喜悅、激情，而少了點悲情。」

這是為遊客而設的折子戲，即便如此，如 Enrique 所講：「他們仍會跳得十分認真，因為到來觀賞 Flamenco 的人，他們有懂得 Flamenco 的，所以，他們不會交行貨的。」

Alberto 説他曾應邀到亞洲不同國家表演：「觀眾反應很好，Flamenco 的音樂，雖然簡單，卻很容易打動人。我的造詣，該也有一定水準吧。」

Alberto 説得很有自信。而自信，對一個站在台上的舞者來説，很重要的。Luisa 可有同感。她説：「我們重視的，是台上互相帶動對方，跳出激情來。兩個字來形容 Flamenco：Echo 加 Rhythm。最重要的，還是跳得要有感情，那是自然的真情流露，不能假裝出來的。」

後記

對談時，Alberto 與 Luisa，英語辭彙不夠用，表情搭夠。但一上舞台，他們立即變成另一個人。舞者的身體語言，

顯然比他們的談話，來得豐富。Alberto 與 Luisa 一起跳那一幕，固然精采。各人來的一段獨跳，同樣能牽動人心。Luisa 一個人在跳，Alberto 坐在台上，臉上滿是笑意，在打節拍，在和唱。

說是一個人在表演，其實台上的歌手、結他手一直都有參與演出，Alberto 不跳舞了，仍是有份演出的，他不過在扮演另一個角色而已。

艾拔圖、露伊莎：佛朗明哥舞者

盧曦然：沙發客的旅圖

與盧曦然 Hilda 見面
前一天晚上，先做功課，
找來她的新書《浪女·打
工背包遊——歐洲旅圖》
（*Hilda's Europe Canvas*），起初是隨意翻看，
希望第二天見面時，有話
題可說。

Hilda 藉 着 到 德 國
的工作假期，先後到過
二十三個國家。她把旅途
所見所聞，用筆畫下來，
也用水筆、原子筆、鉛筆
寫下她的感受。

沒想到起初的隨意看看，變成細心閱讀。Hilda 的繪畫
充滿稚趣，很是好看。而她的文字夠爽朗，令人看得痛快。
用一個晚上，跟着 Hilda 呢度去，嗰度去。Hilda 把一年零
三個月的經歷寫下來，把眼前所見畫出來。一個晚上，我
去了二十三個國家。她的文章能打動人，皆因她筆下真情
流露，寫的不光是人間風景，而是個人真實感受。

　　第二天中午，Hilda 自中環趕過來，Hilda 笑容燦爛，說起話來，一如她的文章，既感性，又是有着理性一面。

　　對 Hilda 說：「看完你的《歐洲旅圖》，才知道你是個沙發衝浪（Couch Surfing）高手，你這名沙發客，有過太多有趣的際遇了。」

　　Hilda 的回應：「背包客出外旅行，有機會入住沙發主的家，既可省回住酒店錢，又可以接觸當地文化。沙發主也曾做過沙發客，因此，他們大多善待路過的背包客。」

　　Hilda 在〈浪·沙〉一文說：「只要懂得正確善用沙發衝浪這平台，與沙發主見面前，從個人檔案了解別人對他們的口碑。」Hilda 認為「比入住青年旅社，更安全，更能接觸到當地風土人情」。

　　自歐洲回來，Hilda 用了幾個月時間：「把 raw material 整理成書，然後找出版社，出版由我一手一腳包辦（圖、文、設計）的《歐洲旅圖》。」

　　Hilda 寫泰澤（Taize）之旅，寫得感人。法國竟有這樣的一個小村莊，可讓人靜修的人間淨土。泰澤亦成了 Hilda「這趟旅程的亮點」：在泰澤生活，Hilda 在「大小事情上真心幫助別人，散播快樂的種子」，皆因她遇上熱情友善的人，感染了她。

　　泰澤「是一個沒有網絡的世界」，Hilda 認為「失去網絡，反而更自由。人與人之間的交流是真真實實。」最是可貴，值得珍惜的人間情懷。

對 Hilda 說：「那可是教人嚮往的社區，有機會，要去一趟的。」

Hilda 沒有回應，她去過的地方可多，各有迷人之處，甚麼樣的人，都見過了。Taize，不過是眾多令人留戀之地，其中的一個而已。

Hilda 說：「有些國家，像丹麥，上一次去是冬天，要是夏天去，會看到不一樣的景象。還有在非洲坦桑尼亞，遇見一名木匠，當上老闆了。多年前，這木匠得到一位神父資助，讓他學曉工藝技術，其後成為出色的木工師傅。」

這樣的故事，說不完的。

後記

回港工作，Hilda 仍會經常出外，繼續她的旅程：「我找住宿，仍會去 couch surfing，當然是安全第一，憑的是直覺。我搭順風車 Hitch hiking，也一樣小心，不會甚麼車停在我面前，我都會坐上去的。」

Hilda 說沒有看過 Jack Kerouac 的《On the Road》，那是上世紀四五十年代作家搭順風車橫跨美國的故事，與 Hilda 這一代人的經歷，兩回事來的了。

碧納菲：靈魂之窗得愛護

碧納菲醫生（Dr. Baig Nafees Begum） 傳來幾張近照。有像一名專科醫生，企定定，對着鏡頭微笑。有與朋友一起在半島享用下午茶，神情輕鬆：「工作之餘，我盡量找時間陪屋企人，有時會到戶外散步，與朋友茶敍和飯聚。」

這都是一般都市人會做之事，Baig 告訴我一個香港人也愛做的：「我也愛打機。」

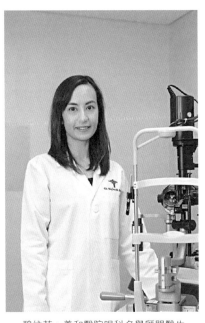

碧納菲：養和醫院眼科名譽顧問醫生

眼科醫生也「打機」，太不可思議了。 Baig 説：「放心，我會適可而止的。」保護眼睛，人人有責。Baig 指出「護理眼睛，得注意用眼習慣，20.20.20。二十分鐘使用時間，二十秒休息，望二十呎以外的景物，好讓眼球肌肉放鬆。」

「20.20.20」上 American Academy of Ophthalmology， 明白 Baig 所講的護眼之道。Baig 肯定不會沉迷打機遊戲的了：

「不過，最近一年，很多小朋友上網學習，使用電腦時間多了，近視也加深了。無論做甚麼，Take a short break，十分重要。眼睛，需要休息的。」

Baig 自幼已立志：「要做醫生，想幫人，眼科治療，直截了當。」

在醫學院讀完全科，再念專科。十年辛苦不尋常，Baig 卻不覺得學醫辛苦：「與同學在宿舍通宵溫習，我們的 study group 認真學習，是有樂趣可言的。」捱更抵夜，娛樂之一是「食消夜」。

沒有問 Baig 現在還有沒有「食消夜」的習慣。問 Baig：「有說『眼睛是靈魂之窗』，這講法，有道理麼？」

Baig 的回應：「有，眼神對人與人之間溝通，十分重要。另外，眼睛可反映身體狀況，很多身體毛病，如心血管疾病、免疫系統疾病、先天性毛病，甚至癌症，都可以有眼部徵狀。所以眼睛，也可以說是身體之窗。」

想起蔡琴唱的《你的眼神》，其中幾句：「雖然不言不語，叫人難忘記，那是你的眼神，明亮又美麗。」

不用說，那人的眼那麼有神采，一定很健康，精神面貌都好。

Baig 是青光眼專家，遂請教她：「青光眼風險大不大？怎樣知道自己是否有青光眼？」

Baig 的解說：「一百位四十歲以上人士，有三位患有青光眼。青光眼有一些風險因素，如果患有這些因素，風

險會增加。」

Baig 的建議：「找醫生定期驗眼，因為早期青光眼是沒有徵狀的。」

作為眼科醫生，Baig 說：「我很關心病人，而最重要的是，你要 care 他們的感受。Showing concern，就是 care，他們是知道的。」

後記

Baig 傳來一份報告，是她與一眾醫生撰寫的「香港小兒青光眼：流行病學、表現、臨床干預及結果的多中心回顧分析」。

先看數據，再看結論：「原發性先天性青光眼最為普遍，其次是青少年開角型青光眼和無晶狀體青光眼。大部份原發性青光眼患者需要手術治療。父母關注是重要的臨床表現。」

病向淺中醫。這道理，現今家長都明白。

秋宓：都是鄉愁惹出來

因為鄉愁，詩人余光中寫出《鄉愁》，道出故鄉情懷。因為鄉愁，秋宓在英國寫成《英格蘭廚房日記》（*A Kitchen Diary*）：冬去春來的生活與料理（Winter and Spring）：Recipes from December to May。

秋宓：都是鄉愁惹出來

秋宓（Iris）說：「在英國，已有五年了。喜歡這裏的生活，居住狀態和自然環境，給了我很多時間，較大的空間，來發揮我的興趣愛好。」

居英不夠三年，Iris 已經愛上英式下午茶，「會選擇口感清新淡雅的茶品」，吃「手指三文治（finger sandwiches）、烤鬆餅（Scones）。喝英式下午茶，讓 Iris 體悟到「生活就像一杯茶，全憑你自己去沖泡」（Life is like a cup of tea. It depends on how you make it.）。聽起來，有點像電

影《Forrest Gump》的名句：Life was like a box of choco-lates…

　　Iris 接着説寫了一本講英式下午茶事的《蘋果樹下的下午茶》（Story, Recipe, Afternoon Tea），回應了英國民謠：When the clock strikes four, everything stops for tea.

　　不過，生活不能只靠喝茶，還得靠食物的呀。一日三餐，在英國，可不能像在香港，都到外面館子「醫肚」的。Iris 説：「下廚，我也是在學習。其實與鄉愁有關。」

　　「鄉愁就是身在異鄉，思念家鄉食物的一種情緒。」Iris 有了鄉愁，才開始鑽研烹飪。《英格蘭廚房日記》這本書 2019 年尾動筆，2020 年 11 月完稿。記錄了 Iris 下廚，煮出來的美食。Iris 説：「在香港生活忙碌，帶着兩個孩子（那時他們年紀還小），那有時間去研究食譜。來到英國，下廚成了主要活動之一。最開心的是，孩子大了，不用我費神了。還有，他們都喜歡我煮出來的早、午、晚三餐。」

　　「我弄出來的 Cottage Pie（鄉村牛肉批）、Lasagne（意大利千層麵），家人都愛吃。」Iris 當然不止是煮西餐，看她在書中寫的：2020 年 1 月 25 日，大年初一，英國天氣：陰有時晴，氣溫八度，吃的就是『豬肉芹菜餃子』」。Iris 説在超市可以買到的食材。回憶從前，Iris 説：「包餃子，用時興的話是，是團隊工作。北方人家（Iris 是北方人），年三十夜晚包餃子是全家總動員。有擀皮的，有包的，小孩子在旁邊幫忙按麵劑子。」看 Iris 寫包餃子過程，明白她

所說的「鄉愁」，是甚麼一回事。

後記

喜歡看書、喝茶、種花草、觀察鳥類昆蟲，又愛跑步、煮食的 Iris，說很快就適應英國生活。疫情持續，Lockdown 期間，Iris 仍可到超市，購買所需食材，弄出來的新年菜單：早午餐：法式酥脆 Crosque Monsieurd、和風百菇溫製沙律 Wafu Mushroom Salad、接骨木花香檳 Elderflower Champagne。晚餐：雜錦天婦羅 Assorted Tempura、法式藍帶芝士雞排 Chicken Cordon Bleu 配上意大利米麵蔬草沙律 Orzo Vegetable Salad，甜品是自製的 Oreo Cheese Cake。全日供應的，還有「豬肉芹菜餃子」。

周志文：登上輪船留學去

周志文（Steven）在中環上班，日理萬機的他，卻愛在空暇時躲進他在黃竹坑的 studio，砌模型、看懷舊電影、聽唱片。

Steven 愛把他的傑作，砌好的模型，傳過來給我看。Steven 說：「你一定要來我的『Man Cavc』，只看我的圖片，你不會明白我的『寶藏』，對我來說，意義重大。」

不能說去黃竹坑，路途遙遠。遂在一個下午，到 Steven 的「Man Cave」，看個究竟。

走進 Steven 的私人空間，哪像個洞穴，而是一間又一間的藏寶室。入得門來，是他的電影院：Chow Cinema。Steven 說：「這電影院只可坐八個人，上星期放映《Lawrence of Arabia》，4K High Dynamic Range Version。音響好，影像佳。」

最近在九龍塘又一城看電影，只有十二個座位的 deluxe 影院，與 Chow Cinema 的八座位影室，屬同一級數。

Chow Cinema 外牆貼上當年的電影海報，有《The World of Suize Wong》、《South Pacific》、《G.I Blues》、《The Longest Day》。

對 Steven 說：「下次放映貓王 Elvis Presley 的《G.I Blues》，記得通知我啊！」

周志文：歐資私人銀行董事、總經理。

來到戲肉了，Steven 砌出「1964 年，8 月 21 日，在尖沙咀九龍倉，登上克利夫蘭總統號（President Cleveland）。到來送船的同學、朋友，到登上輪船，拍照留念。」

上世紀六十年代，到外國留學的香港學生，多愛坐「總統輪」，可帶大件行李，輪船到達美國或加拿大前，還可到其他國家遊覽一兩天。

Steven 說：「我坐的是三等艙，票價美金 350 元。四個人一間房。十七天的旅程，船停過 Yokohama（橫濱）、Honolulu（檀香山）。」

那年代「放洋留學」，是與家人、朋友「相去萬餘里，各在天一涯」，要等到學成歸來，幾年後的事了。

中學剛畢業的 Steven，已有青梅竹馬的女朋友（日後成為他的太太）：「那時候，她剛上高中，那天晚上，她有來送船。其後，她也到外國念書。」一個甜蜜蜜的故事，Steven 細說當年事，面帶笑意。

　　Steven 花上好幾月，把當年登上總統輪的場景砌出來：
「比例是 1：420。在模型船上擺放了送船的同學（包括我
的未來太太）。半個世紀前的送別場面，歷歷在目。On
the road to face a new stage in life. And don't know when
I'll return to Hong Kong.」

後記

　　Steven 年紀輕輕已愛上砌模型，他向我展示念小學時
砌出來的汽車：「有圖為證」，照片中的 Steven 手上拿着
一架飛機，汽車到放到枱上。然後是砌船隻、軍艦。Steven
近作是砌一艘航空母艦：「甲板上的飛機不難處理，擺放
沒有困難。甲板下，船艙的擺設，才考功夫呢。」看來，
Steven 這樂此不疲活動，會繼續下去。而我明白，他為甚
麼一定要我參觀他的「Man Cave」了。

繆佳宏：蕩漾韓國文化

四年前，在一個晚會上，第一次見繆佳宏（Sophie）。那個晚上，Sophie 為一位同來的女子伴奏，Sophie 彈結他，她的同伴唱民歌。

四年後，Sophie 傳來一段 trailer，這一趟，她是自彈自唱。歌詞是韓文，歌名내일（《明天》），Sophie 作曲、填詞。其中有這一段：「一天一天又過去了，今天又甚麼都沒有做，

我也討厭這樣反覆的日子。」

在韓國首爾生活已有四年多的 Sophie，其實一點也不討厭在那裏過日子。Sophie 念的博士學位，讀的是影像學。Sophie 說：「來到韓國，我進入後現代音樂碩士專業，專攻作曲，我個人喜歡的音樂風格是韓式 OST。現在研究影像學，希望能夠將影像學和實用音樂連接起來。」

在英國念中學的 Sophie，已嚮往韓國文化：「初中時期對韓文文字產生了興趣，假期時參加了興趣班。在香港碩士畢業後，學習韓國文化。又獨自去韓國旅行，看演唱會，感受當地風土人情，愈發愛上這個冬天會下雪，春天有櫻花的地方。」

問 Sophie：「韓文難不難學，講韓語，寫韓文，哪一樣比較容易？」

Sophie 的回應：「對我來說，韓文不會特別難，初中放假時，上過興趣班。碩士畢業後，花了兩個月時間專門學習韓文，之後參加了 TOPIK 韓國語能力考試並拿出五級證書。講韓文對我來說，相對於書寫韓文，更簡單一些。我在書寫時，使用的單字常常過於口語化。」

幾年下來，Sophie 的韓語說得地道：「不過，與當地人談起話來，談多了，我會露出破綻，他們知道我是外來人。」

談到韓國流行文化，不得不談韓劇。Sophie 說：「韓劇不僅僅是俊男美女與劇情讓人魂牽夢縈，就連運鏡、剪

輯畫面和調色都特別講究，有一種韓國特有的風格，味道。KPOP 風靡全世界，不僅是單純的音樂和舞蹈，而是包裝成熟，具有風格的舞台商品。」

韓國美食，Sophie 最愛「醬油蟹」：「以前從來不吃生食，吃過一次醬油蟹，念念不忘。配上麻油和海苔拌飯，特別美味。」炸雞、啤酒、烤肉，可不是 Sophie 的那一杯茶了。

Sophie 說韓國的醫療好，生活方便：「節奏沒香港的快，對我來說，是剛好合我意。我最喜歡的是週末，睡到甚麼時候都可以。起來清潔居室，吃個簡單午餐，然後對着電腦，作曲，有時工作至深夜。這裏有我喜歡的私人空間，我可以非常放鬆，創作時，有更多靈感。」

後記

Sophie 傳了幾首她的作品過來，有韓文，也有中文。其中一首中文歌，歌名：《我能對你有所期待嗎》。

Sophie 知道家人對她是「有所期待」的：「我喜歡韓國，待久了也會想念家人、朋友和家鄉菜。」

沒有問 Sophie 甚麼時候回來。鳥倦知還，對 Sophie 而言，還有好一段日子吧！

第三章

灼見

畢加索・橙樹

從 馬 拉 加 Malaga 回來後，文友問：「到 Malaga，該有去 Museo Picasso 看看大師的經典作品吧。」當然有，那是到馬拉加的指定動作之一。看海，參觀古堡，吃西班牙 tapas，觀賞畢加索畫作。

午後時分，當地人仍有午睡習慣，離吃午餐時間尚早，他們仍在午睡呢。在畢加索藝術館前排隊的人不多，我們先在禮品店旁的餐廳喝杯水果酒，吃兩件炸墨魚。再到畢加索專門店揀兩張畫家藍色時期的作品，貼上郵票，放進店旁的郵筒。

可以入內看畫家作品了。入口石牆上刻有一行字：Pablo Picasso Nueva Coleccion。入得門來，可見畢加索作畫的紀錄，投影在白色牆上，黑白片來的，很有默片效果。

畢加索的真蹟，當然比藝術館外的畫冊好看，不少作品都是熟口熟面，我們只是順着次序看過去。看了一室作品，經過一小花園，園中有兩棵橙樹，掛滿橙呢。陽光照着，份外好看。

文友問及馬拉加之行，如實告之：「畢加索藝術館是值得再去一趟的，不過，我老是在想，館內園中橙樹的橙，甜不甜的呢？」

夏天 2019

　　2019 年夏天，來到里斯本近郊的馬里斯海灘（Praia do Tamariz），竟讓我想到電影《Summer 42》，那是文藝青年時期看過的電影。不管哪個年代，年輕就是好，可以做夢，詠唱青春之歌。

　　同行的年輕人，雖然喜歡看電影，但說也沒有聽過有這樣的一套電影。那是與他一代人完全無關的青春片，故事發生在美國麻省 Nantucket Island，一個度假好去處。年輕人說：「電影，沒有看過，但 Nantucket，是去過的，要是有找到影碟一看，也許會有親切感呢！」

　　對年輕人說：「那麼，此刻你來到馬里斯，要是有葡萄牙電影，以此地為背景，該會引起共鳴吧！」可惜的是，少見與風景有關的葡萄牙電影，最新的一套《Fatima》，講的葡萄牙小鎮神蹟，與海灘無關。我們在海灘餐廳，吃了一客海鮮，喝了杯萄葡牙果酒。消磨了一個寫意的下午好時光。我們都說：「甚麼時候，才可以再回來呢！」

鹿頸

　　從粉嶺到沙頭角，經過流水響，沒有進去看個究竟，那裏的風景，可沒城門水塘亮麗。況且今天目的地是鹿頸，不及其他。來到南涌，轉入單程／雙程公路，就是鹿頸了。

　　我們在前往農村石徑前停下來，在士多喝口茶。禁聚令實施多時，到來喝杯奶茶，吃件多士，或吃碗餐蛋公仔麵的人可有不少。不過，他們都是分開來坐，一桌只有兩人，大家都很守規矩。

　　內海潮退，石灘上可見一家大小，都在海邊淺水處找小蟹，小魚。對面小島叢林，可見不少白鷺站在樹頂上，等待其他同伴歸來。友人在沙頭角長大，是「地膽」。指向前方，說：「望過去，那裏的高樓大廈，是中英街以北，屬於內地的建築。香港人以前到邊境，需要到粉嶺警署拿禁區紙。沒有禁區紙，只能在近沙頭角小學（後來的中學）的警署前下車，所以禁區內的發展，多年來停滯不前。」

　　這個下午，石灘對開，淺水一帶的白鷺，不是三五成群，而是單獨一鳥，在水中央覓食。水鳥數目，竟不及岸上的遊人呢。友人說：「到了假日，到這裏一遊的人更多。疫情持續，香港人不能出外旅遊，都湧到郊區來了。」

城門水塘

在我們來到城門
河的主壩，太陽高空
懸掛，陽光燦爛。我
們有備而來，戴上太
陽眼鏡，帽子，不過怕曬呢。剛下過一陣過雲雨，四周散
發出來的熱氣，撲面而來。可讓我們猶豫起來，要不要繼
續前行，去找那山澗，在那裏洗個臉，喝杯用環保壺裝載
着的菊花茶，然後繼續行程。

不少晨運客從水塘另一方向走過來，皆面露笑容，都
說聲你好你好，早晨早晨。同去的友人說：「喜歡行山，
就是因為遇到的行山友，十分友善，三唔識七，都會與我
們打招呼。」問友人：「在這裏會捕獲發哥麼？」友人笑
着回答：「很難說，可遇不可求。想見發哥，閒日去九龍
城街市，小食店，機會大些。」

看到遠方的山，天空的浮雲，又見眼前水塘（可視之
為人工湖），最容易朗誦出來的詩句：「行到水窮處，坐
看雲起時。」友人則說：「你看清楚，水塘另一邊的黃土坡，
與天上的雲，山坡的樹，倒影成趣，像不像一個聚寶盆。」

我們到來欣賞湖光山色，各取所需。走得倦了，喝口
菊花茶，在溪流取水，洗個臉，繼續往前走。

避靜之處

愛爾蘭領事館舉辦的定期活動，一個月一次，每個月第一個星期五的早聚會，已停了好幾個月。領事館負責人仍會在網上，把有關資訊告知在港澳居住的愛爾蘭公民和經常參加每月活動港澳友人。

網上資訊，談及疫情期間，領事館運作如常，仍會幫助有需要的公民，想到愛爾蘭工作，旅遊人士。

公事講完，講文學了。負責人把愛爾蘭詩人，諾貝爾文學獎得主 WB Yeats 百年前的作品《The Lake Isle of Innisfree 》與大家分享。詩人為甚麼要去這個荒島呢？他希望可以「have some peace there」。此時此刻，我們都希望找到一個避難所，遠離塵囂，避開疫症來襲。

幾年前黃昏時分，我們來到愛爾蘭 Benbulben，那奇特山坡，與眾不同外貌，是冰河時期傑作。怪不得詩人 Yeats 告別人間前的願望（那時他身在法國），日後要葬在 Drumcliff，便可以永遠看着那屬於愛爾蘭的山脈了。

據說詩人並沒有到 Innisfree，建一間避靜木屋。但一生沒有終止尋找心靈安頓之所。不過，藉着他的詩，他找到了。

聖三一學院的黃昏

　　說起來，也不過是三個多月前的事。庚子年年初一（2020年1月26日）來到愛爾蘭都柏林，吃過午膳，來到大學區，走進聖三一學院（Trinity College Dublin）。想再去參觀 The Books of Kells and the Old Library。上一次跟團人到來，只能走馬看花，打個轉就離去。用拉丁文寫成的《聖經》新約四福音，還沒有看清楚，就過去舊圖書館，在長廊觀賞那裏的珍藏。

　　來得不合時宜，舊圖書館大樓正進行裝修，對外開放，要半年後了。我們在校園隨意走動，書店沒有開門營業，倒是咖啡店坐滿人，有遊客也有學生。我們還是喜歡 take away，買了咖啡，甜餅，坐在校園草地旁的長椅，感受一下大學校園的自由自在氣息。

　　黃昏來得早，隨着而來的冷風，讓我們不得不提早離去。倒是坐在另一端的年輕人，對只有攝氏十度的天氣，不覺一回事，從我們進入參觀校園，到我們離去，差不多有個半小時了，他們就一直坐在那裏。

　　離開都柏林那一天，在書店買了幾本愛爾作家的作品。2月還沒有到來，在城內藥房已經買不到口罩。藥房工作人員說：「你們亞洲人，早已把口罩買光了。」

水仙

　　長居蘇格蘭 Glasgow 的友人傳來他的新春賀圖：栽種在小盆的黃水仙。友人說：「在城市 lockdown 中生活，超市見到有盆水仙取價公道。花幾鎊就有一盆年花，放在客廳應節。」

　　我們在香港過年，家裏也會放上一盆水仙，不過，那是白色水仙，不會是黃色的水仙。

　　在加拿大 Victoria 的 Butchart Garden，來到春天，園中百花盛開。在山坡一角，永遠可見黃水仙滿佈山頭，與其他花卉爭妍鬥艷。每一次到維多利亞，會到 Butchart Garden 一遊，看花之餘，還會在花園餐廳品嚐加拿大海鮮。

　　今年去不了蘇格蘭，也去不了維多利亞，只能與海外友人 WhatsApp。友人傳來黃水仙，我把白水仙拍下來傳過去。又把有關黃水仙的說法傳了給他（友人問黃水仙代表甚麼）：「黃水仙多生長在泥土上，雖具有野性，卻是善良的。它的花語是純樸，花色溫柔，和諧。有家庭幸福，重生的意思。」

　　明年今日，該可以到 Glasgow 超市，買一盆黃水仙過節。春節過後，再到加拿大 Butchart Garden，欣賞滿園的鬱金香，品種繁多的玫瑰。當然，還有那裏花海中的配角：黃水仙。

冬之睡蓮

我們來到池塘邊，太陽早已下山了，不然的話，餘暉照到池中，睡蓮反映出來的光芒，與印象派畫家莫奈（Monet）筆下的睡蓮：WaterLilies，該有幾分相似。

莫奈繪畫出來的睡蓮，點放在帆布上，一筆又一筆的色彩，看似重疊，其實是分開，不會混在一起。隔遠來看，自會看到睡蓮的光與影，散發出魅力來。

幾個月前到此地一行，這裏還是個剛剛掘出來的泥沼，只見一池濁水。不要說睡蓮，水草，浮萍也不見蹤影。再次到來，泥沼變成池塘，一池睡蓮，有着不同姿態，很是好看。

不知道的是：冬天，睡蓮仍能活着，還會開花。這樣下去，到了春天，池中睡蓮，花，會開得更燦爛了。

百年咖啡店

在里斯本 Rua Garrett，我們找到了歐洲最古老的書店之一：Bertrand Livreiros。進去一看，可惜書店內的著作以葡文為主，得個睇字。

書店一角擺放的英語小說，聊備一格，沒啥看頭。有葡萄牙作家，諾貝爾文學獎得主 Jose Saramago《*Blindness*》的英譯本。已經擁有一本，不好因為封面設計不同就買來留念。

這是第一趟入書店空手而回。同一條街，既有最近三百年歷史的 Bertrand Livreiros 書店，也有過百年歷史的咖啡店：Cafe A Brasileira。走得倦了，還是進去休息一下，喝杯咖啡最實際。

下午茶好時光，店內都擁滿當地人，有喝啤酒吃炸鹹酥餅甜葡撻的，自然也有喝巴西咖啡的。店內一片喧鬧，大家談起話來，都顯得興高采烈。其他國家有歷史，有名氣的咖啡店，到來品嚐咖啡，吃茶點的人，大多保持安靜，細聲講細聲笑，哪敢像這裏，如身在酒吧，可以大聲講大聲笑的。

　　「巴西人咖啡館」有此好處，一點都不做作，大家到
來就是要享受快樂時光，不用扮斯文人。我們先喝了杯咖
啡，吃了一件鹹點 salgados，口渴得飲葡萄牙啤酒了，我們
像其他人一樣談起話來也是大大聲的。

早晨・浪茄灣

疫情持續，年輕人暫時仍得留在香港。她本應在暑假期內，飛到美國，準備一下開課事宜。到了大學區，首要任務，找間近大學的房子，安頓下來，迎接新學年。

一眾年輕人留港期間，到郊野行山，到沙灘紮營。這個早上，年輕人傳來一張「5:46am・浪茄灣」。

幾天後，與年輕人茶敍。年輕人說：「西貢浪茄灣真美，我們在沙灘紮營，早上五時起來，在太陽升起來之前，拍下海浪拍打沙灘，也拍下晨光朝霞。不過，我們在吃過帶去的乾糧當早餐後，就拔營離去。早上過後，太陽兇猛，在太陽底下乾曬，我們可受不了。」

多年前，與同一大學宿舍的好友走過浪茄灣，找到幾節鯨魚骨，帶回去送人。一位收了鯨魚骨的詩人的描述：「骨骼自成一節狀若螺旋槳，並披有蛛網。魚骨活像一隻拔掉的大牙或者扁形的鹿角，中間有三角形的穿洞，可以繫以幼繩，掛在牆上。」

其後，詩人真的把鯨魚骨掛起來，漂亮裝飾品。

那是上一代人，行經浪茄灣的故事。

年輕一代，該不會看到鯨魚骨的了。

球場可以等

　　這個下午，散步至球場旁，球友說：「這一刻，我們不是：行到水窮處，坐看雲起時。而是行到球場邊，等下場需時。」都說好了，下一個星期，到來打場友誼賽的。

　　疫情持續，為了公眾安全，高球場，一個接一個的，暫停對外開放。

　　球友說：「有幾位高球發燒友，早已前往深圳，住在球場酒店，一星期打七天球，打了三個星期；打得倦了，準備回來，自我隔離十四天。」

　　球友是某球會會員，一星期在主場打兩場球。其中一次，是請另一位球友（他是另一球會會員）到來：「這是交換計劃，我請他來這球場，他請我去他的球場，一星期可打三場球，很不錯的了。」

　　有本地球會會籍，當然不錯。不是本地球會會員的球友，只能到西貢滘西洲公眾場，或是到內地球場（已有幾位球友在那裏打了兩個星期）。

　　如今本地球場暫停開放，滘西洲也封場了。不屬任何球會的友人說：「球場仍在呀。球場可以等（休養生息不是更好麼），我們也可以等的呀！」

若有所思

在前往小吳哥窟的橋中央，見一長尾猴坐在橋上一角，向上張望，並不理會擦身而過的遊客。帶我們到吳哥窟一日遊的當地友人說：「吳哥窟有三多，猴子多不勝數。但是在不同地方出現的猴子，表現卻很不一樣。近神廟的像哲學家，老是坐在一角，愛曬太陽，看風景。」

眼前所見的猴子，態度從容。先低頭吃水果，然後欣賞河中浮蓮，過了一會，抬頭望着木頭砌搭出來在水浮中央的亭台入了神。

說在木橋上的猴子與眾不同，比較文靜，主觀想法沒法考證。友人說在大吳哥窟的猴子則好動活潑多了，有點像香港馬騮山的猴子較為霸道，馬騮山猴子愛搶走遊人手中食物。在大吳哥窟的猴子不愁吃的，不用搶食。

去吳哥窟不是去看猴子，是要看古蹟。看到一尊又一尊無頭佛像，友人說佛頭有價，早年都給人砍了下來賣得好價錢。無頭佛加上刻在石上的笑佛，算是第二多。

至於甚麼是第三多，友人沒說，我們也忘記問。

永遠的校園

　　2019 年 10 月 26 日，星期六，黃昏過後，走上石級，踏入港大陸佑堂，應邀出席明原堂慶祝五十週年的晚宴。

　　很久沒有到陸佑堂參加活動了。上一趟到來，是出席由鄧永鏘主持的文化講座。2015 年夏天，香港書展，鄧爵士有此能耐，請來作家 Alain de Botton，Carol Thatcher，Simon Montefiore，與愛書人面對面，談「作家為甚麼而寫」。

　　陸佑堂座無虛設。大家都來聽三位作家談寫作心得，更想看鄧爵士的本事，讓一眾作家在言談間，擦出火花來。四年前的事了。「人面不知何處去，桃花依舊笑春風」。

　　這個晚上，陸佑堂也是座無虛設，坐滿不同年代在港大念書，在明原堂當宿生的舍友。閒話家常，夠談一個晚上了。

　　推開禮堂大門，校園一角的水池仍在，灌木仍有神氣。小小庭院，不見誇張。文學院的走廊，仍是那麼典雅，告示板還是老樣子。說一切依舊，五十年不變，但在陸佑堂旁的教室，導師，教授坐過的辦公室，已經換過好幾代人了。

明月幾時有

蘇格蘭小鎮一個月的生活，過得簡單，卻是充實的。友人笑説我過的是「三天打魚，兩天曬網」，沒有甚麼作為的日子。

我的回應：「你是為了生活，仍得過朝九晚五的日子。我是在放假呀！早餐後，到書店看書，喝咖啡。然後到超市購物，黃昏過後，準備晚餐，等你回來，一起享用。我們可沒有白住你的地方呀。」

這個晚上，下過雨，太陽剛下山，天空一片的藍，月亮已懸掛在山坡上了。望過去，愛站在屋頂上的海鷗早已飛走了。牠們要到第二早上，才會飛過來的。

友人説：「你們回去後，我仍然得留下來。今年，仍然是我一個人在此過中秋。屆時，該又會想起，香港那些年的美好歲月，過得多稱心寫意。不知道，哪一天才可以回去了。」

　　友人說很多人認為「月亮，都是外國的圓」，「那當然是錯覺」。看着自山邊升起的月亮，友人說：「我先後在不同國家生活，站在不同的經緯線看月亮，是看到它大小不一樣，會不會這也是錯覺呢。」

　　這是不用回應的問題。

　　友人接着說了這一句：「希望香港一切都會好起來。」

　　聽了，可不知該如何回應了。

正宗葡撻

里斯本酒店大堂經理說：「在葡萄牙酒店餅店廚師，師傅弄出來的葡撻，都是正宗葡撻來的呀。你們要去 Belem，試試那間藍色店的 Pasteis de Belem，可以呀，在街前一角乘坐公車過去，半小時車程。」

來到 Belem，不用問人，見到有人排隊的店舖，走過去就是。在店外排隊買葡撻的遊客，比坐在店內堂吃的人還要多。買葡撻，三件至六件，剛好可放入長身餅盒內，方便攜帶。

店內人聲喧鬧，我們仍然留下來，吃新鮮出爐的葡撻。葡撻一盤一盤的，由工作人員從廚房推出來，一半留在店內堂吃，另一半送到 Take away 外賣，不用擺入餅店櫃內，馬上給搶購一空。返回酒店後，經理說：「湊過熱鬧了。明天可以去試試在 Avenida da Liberdade 的葡撻專門店了，一定不會令你們失望的。」

路過林蔭大道，果然見到一間葡撻專門店。下午茶好時光，一件葡撻，配一杯香檳，或果酒，酸酒配甜撻，最見滋味。在店內，不見喧嘩，可從容自在的在那裏，消磨一個下午。這與別不同的下午茶 tea set，大概只有在里斯本，才可以找得到。

其後酒店經理問：「兩間葡撻店的出品，有分別麼？」

可沒法分出來。

「試試我們酒店的葡撻，當是甜點，也不錯的。」

圖根哈特別墅

在布爾諾（Brno）的蔬菜市場吃過水果當早餐後，決定到近郊的高尚住宅區，尋找 Tugendhat Villa ：圖根哈特別墅。

從自由廣場乘坐計程車到別墅，十五分鐘車程，收費約 100 捷克克朗（港幣 30 元），坐電車只需 20 克朗，沒有 google map 在手，不好找。還是坐計程車好了。

來到圖根哈特別墅大門外，嚇了一跳。看來是平房一幢，外貌平平無奇。與街道兩旁的捷克古典樓房相比，這白色房子顯得格格不入。這時候，有職員出來收門票（是預先購買的電子門券）。

踏進大門，竟別有洞天，望過去是草坡，大樹坐落有序。室內落地玻璃窗，上世紀二三十年代，此設計實屬創舉。簡約建築與花園連成一體，為現代主義代表作。

看介紹，才知道當年的屋主，為猶太籍商人圖根哈特，住宅由德國名建築師 Mies van der Rohe 負責設計。二次大戰到來之前，屋主只住了八年，就得逃離入侵的德軍了。要是屋主堅持留下來，恐怕難逃劫數，居所在，人不在了。

別墅先後落入德國，蘇聯之手，歷盡滄桑。經修復後，遂列入受聯合國保護的文化遺產。

每天到來參觀者人數受到限制，因而四周並無喧鬧之

聲。這個早上，我們可以隨意在花園走動，到室內觀賞悅目裝修，舒適，實用傢具。

　　親眼目睹：現代主義建築，一點也不造作。

維也納咖啡

當地友人的提點：「在維也納喝咖啡，不要到遊客必去的咖啡館，該到當地人愛去的小店，一半價錢，一樣可以喝到甘、苦、甜兼備的維也納咖啡來。」

不聽朋友的話。還是到了遊客愛去光顧的「中央咖啡館」（Cafe Central）。剛轉入 Herrengasse，已見有人在咖啡館門外排隊，守門是個胖子，笑容可掬，老是說：「等一等，很快就輪到你們的了。」

進得門來，人聲鼎沸。來喝咖啡的遊客都在忙着拍照留念，大堂入口，有一位當年文化界名人的肖像，圖片說明有這一句：要是我不在咖啡館，我該在前往咖啡館的路上。

咖啡不錯，卻不見特色，倒是照呼我們的侍應再三提示：「要是你滿意我的 service，請給我一點貼士。我還可以幫你們拍照的呀。」

第二天到當地人愛去的咖啡店，格局自然不如中央咖啡館，但裝置典雅，裏面坐着的咖啡客，有在看報刊書籍（自然也有看手機的），近窗一角有母親帶着兩名孩子，不見喧鬧。

在咖啡店內坐了近一小時，剛好看完一個短篇小說。侍應沒有前來，問要不要再來一杯咖啡，更沒有要求小費。

準新郎

在 Sevilla 工作的友人説：「你們在此吃西班牙小吃 tapas，款式最是多樣化的了。叫幾份地道小吃，如油爆蒜蝦，黑毛豬肉粒，炸墨魚伴薯條，可以當晚餐了。在 Granada，在某些餐

廳叫一大杯啤酒，或一瓶西班牙果酒，侍應會送你一小份免費 tapas，用來送酒。」

兩小時車程，從 Sevilla 來到 Granada。走了兩條大街，仍然找不到喝啤酒，送 tapas 的酒吧或餐廳。轉過橫街窄巷，只見一大群青年在喝酒，吃 tapas。遂上前問個究竟。一名沒穿上衣，身披着紅色圍裙（上有黑圓點），戴上深紅花圈的男子，正與一班漂亮女子在喝酒談笑呢。

男子看來開心極了，他說：「我叫阿拔圖，過兩天要結婚了，現在與我的女朋友們在此喝酒，吃免費 tapas，我的未婚妻則在另一餐廳與一眾男友慶祝。明天下午，我與男性朋友慶祝，場面不會像現在那麼斯文的了。準新娘則與女性朋友一起玩得瘋狂。我們都會是不醉無歸。歡迎你們與我喝杯酒，吃免費 tapas。」

里斯本的美麗書店

來到里斯本，當地友人說：「你們該去 LX Factory，看看那家 Ler Devagar 書店，該會讓你們眼界大開的。不過，那裏的食物卻很一般，不吃沒有損失。」

黃昏時分，來到這個由舊工廠大廈改建而成的蒲點：文化，藝術活動，流行歌，爵士樂。入門可見一家 Dorm Hostel，為背包客提供食宿服務，價格合理，據說很受年輕人歡迎。

走過客棧，就可見書店招牌，不怎樣起眼。推門進去，是另一個世界了。望過去盡是書，地面一層堆滿雜誌，長枱上擺放了 1998 年諾貝爾文學獎得主，葡萄牙作家 Jose Saramago 的作品《Blindness》，《The Gospel According to Jesus Christ》。也有 Pascal Mercier 的《Nachtzug Nach Lissabon》（里斯本夜車），都有英文繙譯本，遂買了一本，留為紀念。

沿着鐵樓梯往上走，可見牆上書架有十來二十米高，直達天花，很是壯觀。書店中央懸空掛藝術家設計會飛的單車，要看頂層書籍，得靠高梯或飛行單車了。有時間，該在書店多留一會的。

在 LX Factory 走得倦了，肚子餓了，要留下來吃晚餐了。友人說得對，那裏的食物乏善可陳。

沒有作家的咖啡室

在蘇格蘭愛丁堡工作的朋友請我們到 Elephant House（見圖）吃午餐，他說：「那裏的午餐很一般，沒有甚麼特色，即磨咖啡卻很不錯，比起連鎖店的咖啡，好喝多了。」

朋友一番好意，不好拒絕。十年前曾到此一遊，咖啡室為作家J.K.羅琳提供了一個寫作的地方，當羅琳小說《Harry Potter》系列大賣而名噪一時，Elephant House 遂成為當地景點。咖啡室沒有因而坐地起價，十分難得。

幾年前，J.K.羅琳應邀到美國長春藤哈佛大學，在畢業典禮上致辭。其後她的講辭全文印成小冊子，在書店出售，每本售價六歐羅。

J.K.羅琳的講題〈Very Good Lives〉，說出「Benefits of Failure」的好處：連串失敗經歷，「stripping away of the inessential」，讓她發揮無窮想像力「Imagination: the most transformative and revelatory capacity」，第一部作品，就是在 Elephant House 寫成的。

朋友看我們吃得開心，說：「儘管如今作家已不到這裏喝咖啡，吃午餐。對遊客來說，不成問題，到此一遊，拍照留念就可以了。」

前有去路

過了海德堡舊城區，沿着河邊往前走，先上一斜路，步行人近半個小時，見一指示牌：Philosophen-weg，這就是著名的「哲學家小徑」了。

小徑入口，看來平平無奇，雜草叢生，灌木，山上樹木隨意散開來，不見氣勢。與京都近銀閣寺的「哲學之道」景致，相距甚遠。在京都沿河小石徑散步，4月可見櫻花盛開，10月可見滿山紅葉。行那哲學之道，悠閒得很，走上半天，也不覺疲累。

海德堡哲學家小徑不見修飾，走進去，才領悟，樸實無華自有它的好處，哲學家，人生取向，不該就是這樣的麼。康德當年的漫步小徑，所見不過是尋常風景，哲學家不是到來欣賞風光，是在思考人生課題吧。住在海德堡的黑格爾，愛到此山坡散步，是沒有想到，有一天，這小石路竟成了旅遊景點。

沿斜坡而上的路固然好走，下山的哲學家小徑亦不難行，看似前無去路，轉個彎，卻「豁然開朗」了。

窗外的風景

走近窗台，望下去，是條內街，沒甚麼好看。天上太陽高空掛，不過，也不用太高興，下午雨雲到來，就會下雨的了。

蘇格蘭天氣變化莫測，忽晴忽雨是常規。此刻陽光是那麼和暖，靠着窗，曬太陽。喝口英式玫瑰茶，吃件青瓜芝士三明治，很不錯的早餐。

更不錯的，這裏有的是閒情。朋友不明白：蘇格蘭有甚麼好，你又沒有私家車，可以去哪裏呢？

就是因為沒有車，要到外面，只能安步當車。走過街角，步過班馬線，再行十多分鐘，來到步行街，可放慢腳步了。行人都是那麼悠閒，怎好意思急急腳趕路呢！

步行街盡頭是一座大型書店，說一座，是因為樓高四層，每層的書分門別類，地下還有咖啡室，在這裏消磨一個下午，不成問題。

看過想看的書，也買下想買的。離開書店，到超市買蔬菜肉類，回去弄個簡單晚餐。

書店古典小說一角，擺放小說家 E. M. Forster 的《A

Room with a View》。作家的小説「窗外的景致」，指的
是意大利人的激情，不易在英國人身上得見。但蘇格人的
豪氣，意大利人則多欠奉。旅遊，當然去意大利，多姿多采，
住下來，還是蘇格蘭好。

第四章

祥看

虛與實

多年前在上海，與作家王安憶面談，從她的作品《紀實與虛構——創造世界方法之一種》説起。作家説得清楚：「我強調紀實，因為我採用的材料是真的，並且經過嚴格挑選的。我強調虛構，因為它是創造性的東西，在現實中不存在着這樣的世界。」

王安憶剛剛出爐新作《一把刀，千個字》，不用去追查，小説男主角，是否真有其人。男主角的母親，到底是文革時的「反革命分子」，還是其後得到平反，又成了「烈士」。看的時候，不必對號入座，遂可以欣賞作家鋪陳出來世界，真實與虛幻並存。如王安憶所講：「小説的魅力大概就在於此，多少年來樂此不疲。」

作家樂此不疲，小説一本一本寫下來。由她營造出來世界，才有看頭。「要將莫須有變成確鑿無疑。人和事從混沌中一點一點生出來。」小説好看不好看，得看作家的「章法」。

在上海，先後與王安憶及同期作家吃過幾頓晚飯，最熱鬧的一頓，吃的竟是四川麻辣火鍋。冬天時分，一大夥人，圍爐取暖，趁熱吃。氣氛不錯，夠熱鬧，大家一起喝啤酒，吃火鍋，談笑。

不過，來到《一把刀，千個字》，男主角是名廚，揚

州大廚，哪能弄個火鍋出來見人的呢。王安憶說「揚州三
把刀中的頭一把，菜刀」。看下去，菜刀不過是序曲，作
家不是要我們看主角的廚藝，如何了得。她要我們看的是
主角的過去，不為人知的悲慘過去。

小貓上樹

　　村上春樹的童年，與貓，與書為伴。與父親一起到海邊棄貓失敗（到離家兩公里的海邊，就想把貓棄掉，注定失敗）。從那時候開始，家中出現的就不止一隻，兩隻貓了。母貓生了幾隻小貓，後來都與年幼的村上春樹一起過日子了。

　　然後有這一天，黃昏時分，白色小貓爬上村上春樹家中庭院的松樹。小貓上了松樹，卻不敢爬下來。「貓雖然擅長爬樹，卻不擅長爬下來。」找父親來幫忙，梯子不夠高，救不了。小貓叫了一個晚上，但第二天，不再聽到貓叫聲，院子也不見蹤影。村上春樹說：「那留給幼小的我一個活生生的教訓。下來，要比上去困難得多。」

　　村上春樹想說的是，我們是平凡不過的人，不能做甚麼。貓上樹，下不來。然後，不知去向：「那只是一個偶然的事實而已。」有時候，我們遇到這樣的事情，以為這是獨一無二。其實，我們不過是「向大地降下的龐大數量的雨滴的，無名的一滴而已」。

　　村上春樹的母親，原本的結婚對象，不是村上千秋，而是一名音樂教師（在戰役中陣亡）。村上春樹的假設：要是母親不是與村上千秋結婚，就不會有村上春樹這個人了。「這樣想下去心情就變得非常不可思議。」村上春樹

甚至說：「我所寫的書也不存在這個世界。」

　　黃昏時爬上松樹的小白貓，第二天，不知去向，不足為奇。村上春樹不過是把童年時，與父親有關的往事書寫下來，一點也不魔幻寫實。

深與淺

從事教育工作的朋友説：「要是你沒有看過《勇敢的安妮》（Anne），一定要上 Netflix，認識一下 Anne，包管你不會失望的。」

這劇集已屬舊作，兩年前拍好。一直沒留意，是有此錯覺，描述小女孩成長故事，沒啥看頭。卻是一開始看，就停不了，要一直追看下去。

同屬孤兒，Anne 與西洋棋好手 Beth 都是有天份的 gifted child。《后翼棄兵》中的 Beth，可以挑戰世界棋王。Anne 有語言天份，有天馬行空的想像，書寫能力一流，但仍是不能做作家，詩人。但看着 Anne 的成長，那艱苦過程，是要比看 Beth 成為棋王，得到天下第一殊榮，更窩心的。

Anne 説起話來，同年紀女孩可不一定明白她在説甚麼。用的詞彙，有女孩説「聽都沒聽過」。所以劇集開始時，字幕打出這一行字：Big ideas, you need big words to express（偉大思想，要用高深的字眼表達）。看的時候，是有點擔心，要是剛剛開始，我就因為紅髮女孩 Anne 所用的語言，出口成章，而且艱深難明，讓我們聽不懂，因而沒法追看下去，那怎麼是好。原來不是的，我們是聽得明白，看得清楚的。

Anne 的故事，用平實手法鋪陳出來，沒有故扮高深，

讓人看得一頭霧水。《勇敢的安妮》的內涵，不必用高深
的語言來表達。偶然 Anne 會用同年紀朋友不好懂的字句，
她不是要賣弄她的語言能力。愛閱讀的安妮，不過是活學
活用，一時之間，想不到淺易字句，只得用高深字眼，說
出她的想法來。

唐伯虎讀書

來到欣賞唐寅（伯虎）的畫了，林琵琶為讀者送上唐寅的《秋夜讀書圖》。看林琵琶的導賞：唐寅借歐陽修《秋聲賦》的意境，寫成此幅《秋夜讀書圖》。

說的都是：人生在世不稱意，李白可以「明朝散髮弄扁舟」，歐陽修則「歷盡宦海波濤」，身心疲憊。唐伯虎28歲中南京解元，29歲受牽連入獄。「此後仕途無望」。但他卻不至於鬱鬱而終，唐伯虎「到底意難平」這感覺，該會是有的。人生至此，怎麼是好？但可以寄情於山水，書畫，也不錯呀。

林琵琶說以唐伯虎「狂傲不羈的個性，一旦墮入官場，恐怕比歐陽修的宦途更崎嶇詭厄。」年屆三十六的唐伯虎獨坐書齋，看書，作墨。看林琵琶的描寫：「以輕鬆靈動的筆墨，描寫秋景的秀朗清寒。」林中風起，只有風聲，讀書聲了。

有關唐伯虎，我們聽得最多的（包括在電視，電影看到的），是野史「唐伯虎點秋香」。林琵琶說：「證之唐寅的性格，似乎亦頗有可能。秋香不是紅拂，她沒有一雙相人的慧眼，也不是卓文君，不能從琴音中領悟驚人的文采。她之歸於唐寅，全是巧合加上唐寅的荒誕。」

唐伯虎離開官場，往後日子，多有鬱悶，不那麼寫意

的時刻，晚年更備受病痛折磨。但在唐伯虎 36 歲那年，他
繪畫《秋夜讀書圖》，他的心境，該如林琵琶所言：「平
和而寧靜的。」

導賞

　　看林琵琶的《羅生門外竹籔中》，不先看她的新作：幾個短篇小說，包括《我也是一個戰犯》。而是先看了著作裏最後的一個系列《風流花一時》，一篇又一篇短文，談的多是古今書法，字畫。雖說是舊作，並沒有過時。是先看畫，再看作者的評述，對藝術作品的看法，就像翻看畫冊，林琵琶來個解讀，給我們上一課美術入門，對畫家，繪畫藝術，因而多了點認知。

　　幾年前到上海，在那裏定居多年的文化人，先帶我們到舊宅吃地道上海菜，再去田子坊一遊，友人說：「裏面有一個陳逸飛的工作室，對外開放，值得一看。」

　　這位備受爭議的畫家，來到我們去參觀他工作間的那一年，已經是「多少事，都付笑談中」了。看林琵琶對陳逸飛寫實技巧的評論，說畫家下筆，很懂「鬆」的道理。「用筆敷色有從容，輕鬆，明快的感覺。他的筆觸如清風，如靈蛇，如水銀瀉地，如湖畔澄明的月色。」作者向我們展示畫家的作品，描繪西藏人物的《山地風》。

　　下一趟到上海，得去「上海龍美術館」看看畫家的真蹟。

　　林琵琶另一篇《心手合一》，談的是梅艷芳的歌唱技巧：「多麼美麗的聲音，從靈魂深處，一絲絲抽出久埋的

寥落⋯⋯如春花乍開，如一陣流星雨⋯⋯」

　　歌聲有情，餘韻連綿不絕。林琵琶説看畫，是「希望
畫中有感情，一種悠然，一點悲傷哀，一些歡欣」。

　　聽梅艷芳的歌，一如欣賞畫家筆觸有情之作，聽着、
看着，遂受到牽動。

獨角戲

董芷菁獨自一人在台上拉奏《寒春風曲》。《聽松》，事前可做足準備。不是演奏者坐定定，對着鏡頭，一聲Camera，就開始拉奏樂章，One take，錄影上網、錄音，上網與聽眾觀眾見面。

芷菁說有幾個彩蛋，打開。讓我知道，這看似一人騷：獨角戲，其是群策群力。要是演奏成功，那可不只是她一個人的功勞。從攝影，錄音，皆有專人負責。這看似由芷菁一人主打的音樂會，才有吸引力可言。

芷菁不把彩蛋打開，我可不知道，她是要把來自民間，拉奏二胡高人向我們展示。近一個世紀前，二胡可不是高人一等的樂器，樂師地位不高。芷菁穿上黑色外套，在昏暗燈下，拉出牽動人心的調子來。細心聆聽，讓我想起台灣詩人瘂弦的《如歌的行板》，懷迷樂聲，音色卻是溫柔的，與芷菁音樂會的主題「人靜安心」，很是配合。

芷菁告訴我：「黑衫、木板凳，皆有象徵意義。當年拉二胡的好手阿炳，社會地位不高。黑衫加上亂髮（芷菁把自己的頭髮弄得亂七八糟），刻劃出阿炳當時為民間藝人，不修邊幅的印象，木凳仔亦一樣。」

芷菁的造型很具說服力，但是要打動人心，靠的不光是現場營造出來的氣氛，而是看芷菁駕馭二胡，這二弦樂

器的能力，那弦音散發開來的感染力了。

芷菁的「回到過去」，追憶從前，從燈光，衣着，道具的設計，俱見心思。那是早已消逝的年代，那時，二胡藝術不受重視。不過，來到芷菁一代，一切不再一樣了。

觸摸到的

杜杜談生活，真是個高手。是個懂得生活的人。在香港，與在紐約，所過的日子，對他來說，該是分別不大。他可是我行我素之人。喜歡的音樂，電影，一往情深，繼續喜歡下去。早年在香港，杜杜愛穿拖鞋通街走，後來，出街自由行，那麼巧，有「老鼠爬過」他的腳面，自此他穿襪着鞋了。

有等習慣，不得不改變。像聖誕，應景活動之一，是寄聖誕卡給親朋好友。但如今早已不時興了。杜杜移民不久，聖誕前，他寄出一百張聖誕卡，「竟然石沉大海」，他是「百思不得其解，成為生命中一大疑案」。

說到聖誕卡，讓我想起，過去十年，遠居英國的校友威廉（他重訪母校那一年，已年過八十了），每年都會寄來一張灑滿金粉的聖誕卡，那是英國鄉村小鎮風光，也是威廉居住之地。那是我多年來。唯一一張來自英的聖誕卡。今年聖誕，我沒有收到他的聖誕卡了。

杜杜仍有保存多年前「朋友寄來的聖誕卡。雖然早已事過情遷，卡上的墨跡和關懷卻仍然歷歷在目。那是可以觸摸的回憶。」多年前杜杜送我他的作品《住家風景》，這部書，也是可以觸摸得到的。

還有信件呢。過去十多二十年，只收過三、四封信（不

是公函，是前輩用墨水筆，原子筆書寫，寄給我的信）。
這幾封信，是前輩對我的鼓勵，每次看信，仍可感受到前
輩的心意。

兩場演奏

　　兩場演奏，都是在香港文化中心進行的。一次是 1989 年，小提琴家 Isaac Stern 的告別演奏會。另一次是 1991 年，鋼琴家傅聰來到他的第二個「家」：香港，與他的粉絲見面。

　　小提琴家 Isaac Stern 史頓第一次到香港時，是上世紀五十年代初期。香港大會堂仍未建成。三十多年過去，史頓退休前，到世界各地巡迴演奏。這一年（1989），史頓來到剛剛開始啓用的香港文化中心，與香港樂迷道別。

　　那一個晚上，史頓拉奏甚麼曲目，再也記不起來了。整個晚上的獨奏，史頓的笑容，一直掛在臉上，這位在紀錄片《From Mao to Mozart》中亮相的小提琴家（當年到上海訪問管絃樂團，發掘了一位拉大提琴的少年王健，日後少年成為大提琴家），用他高超技巧，詮釋古典樂章，與聽眾分享他的音樂天地。

　　1991 年傅聰在香港文化中心，與華沙室樂團一起演出，傅聰不彈鋼琴時，會負責指揮。其實，我們到來，只是想聆聽傅聰的獨奏，不及其他。一如史頓的小提琴獨奏，我沒法記起他拉奏的曲目。那天晚上，我們一樣記不起傅聰彈奏過甚麼樂章。

　　三十年前，史頓整個晚上的演出，看來是那麼從容自在，史頓帶着笑意與我們道別。傅聰看來較為嚴肅，笑容

不多見。那個晚上，他既要獨奏，又得指揮，雖然一切都在他掌握之中，還是比較吃力的。傅聰該知道，往後日子，他仍會再來香港，與香港知音者見面的。

演員・作家

見林青霞的時候，她已由明星轉變成演員，還寫得一手好文章（林青霞在報章撰寫文章，很具個人風格，是 essayist，散文作者）。她會說：「我不算是作家呀。」說她是名出色，有個性演員，她會欣然接受。待她的第三部著作《鏡前鏡後》出版，「白先勇跟金聖華說，青霞現在真是作家了。」

金聖華教授約在半島喝下午茶。我才有機會對林青霞說，她當年在賴聲川導演《暗戀桃花源》的演出，十分精彩，「演來樸實無華，很有德國劇作家布萊希特所講的疏離效果，詮釋人生況味來」。

林青霞曾在過百套電影中扮演不同角色，這等經歷，非比尋常。來到書寫現實人生，親身體驗，林青霞的對生命的透視力，符合作家所必具備的能力，一般人沒法用文字表達出來的感覺，這，可難不倒林青霞。

這些年，那麼多學者，文化人，都在談論張愛玲，分析她作品深層內涵。當年三毛編寫的電影劇本《滾滾紅塵》，由林青霞演年輕的張愛玲。林青霞在《走近張愛玲》一文，說「拍過的一百部戲唯一一次演作家，角色竟然以張愛玲為原型。這千絲萬縷，到底還是與張愛玲有一線牽」。

林青霞第一本書出版後，她與董橋吃午飯。當時他嚴

厲的説：「你不能稱自己為作家。」林青霞「囁囁的説她
只是在台上開了個玩笑」。董橋面上不帶笑容的：「開玩
笑也不行。」林青霞「知道他是愛之深責之切，立即不敢
出聲」。

看到林青霞的必恭必敬，忍不住笑了起來。

不過，現在可以了。連白先勇都説林青霞「是作家」了。

燃竭

從事任何工作，也會有感到心力俱疲的一天。Burnt out 一詞，多是用來形容作家，是說作家到了某一天，沒法再寫下去，不光是江郎才盡，而是即使可以寫，寫出來的，也不會是值得一看的作品了。

家庭主婦也會 burnt out，韓國電影《82 年生的金智英》說的是一名家庭主婦，到了某一天，開始質疑自己所過的生活，是否有意義。金智英感到疲憊不堪，沒人明白她的辛苦，活着，所為何事。

看了香港電台製作《陪我講》Shall we talk：第六輯《塔內的聲音》，既是醫生，又是劇作者的羅思敏給 burnt out 這個字來一個傳神的譯名：燃竭。

羅醫生的解釋：以一炬快將燃燒殆盡的蠟燭，來凸顯醫護人員，身，心，靈，皆力竭筋疲。

醫生，可不是「超人」，不是萬能的。但到來看病的病人，往往有此錯覺，醫生一定可以醫好自己的病痛。你說醫生面對的壓力，會有多大呢。

而在香港，念醫科的學生，算得上天之驕子，夠叻又夠醒，未來醫生仍在大學念書，已有壓力，burnt out 已經開始了。你說，醫生是不是很容易 burnt out，他幫助別人減壓（醫好病人），醫生面對的壓力，有誰來幫他／她呢。

有這一天，醫生感到燃竭時刻快要到來了，怎麼是好。

羅醫生傳來短訊：暫時放下工作，是時候，去遊歷，充電了。

在 burnt out 前，羅醫生作出明智決定。

偏心

　　兩位母親，年紀相若，同樣位高權重。她們一位是英國女皇，伊利沙伯二世，另一位是英國第一位女性首相，鐵娘子戴卓爾夫人。女皇有三子一女，首相有一子一女（龍鳳胎來的）。電視劇《皇冠》來到第四季，有這一輯，講的是父母都說疼愛子女，對他 / 她們一視同仁，但是子女最清楚：父母是會偏心的，總有一個是他 / 她的至愛。

　　到底最疼愛是誰，測試開始了，女皇伊利沙伯二世分別與四名子女吃午餐，觀眾成了旁觀者，四場戲，看女皇與她的子女對話，可知大概。最小的 Andrew，仍在念中學，向母親訴苦：學校同學都在欺負他，不會因他是王子就手軟，不過，這位王子不用母親出馬，他可應付得來。三王子 Edward 把口最甜，懂得討母親歡心。大仔 Charles 對母親又敬又畏，個性懦弱的他，婚姻一塌糊塗。見到女皇，他叫聲「媽咪」也不管用了。女皇女兒 Ann 安妮公主，有個性，獨立自主，女皇管不了她，父親菲臘親王喜歡強者，他對安妮偏心，可以理解的。

　　戴卓爾夫人的女兒 Carol 對母親說：「你最疼愛的是哥哥 Mark。」

　　2016 年 Carol 到香港，出席香港書展講座，講題：「作家為甚麼而寫」。Carol 說她自幼學會獨立，是知道想事業有成，得靠自己。Carol 其後成為出色新聞工作者，靠的就是自己不斷的努力。

開局

《后翼棄兵》（The Queen's Gambit）是 Beth Harmon（Anya Taylor-Joy 飾）下西洋棋時，開局時愛用的第一着。對蘇聯世界冠軍 Borgov，她也行這一步棋，是為封閉式開局。

一個虛構的電視劇故事：上世紀六七十年代，女子參加國際象棋比賽，為數不多。可以拿下美國大學棋賽冠軍，寥寥可數。奪得美國公開賽冠軍，屬於天方夜譚。想從世界棋王手上拿走冠軍盃，想都不用想。

不是癡人說夢話，上世紀七十年代初，美國棋王 Bobby Fischer 有此本事，擊敗世界第一，蘇聯國寶：Boris Spassky。來到電視劇，把 Bobby 真人真事拍出來，就不好看的了。Bobby 曾經說過：他做人惟一的樂趣就是下棋，下棋，不及其他。這樣的一個天才，又有甚麼賣點（倒是 Bobby Fischer 的下半生，活得荒誕。他已走火入魔，為人處事，不按常理出牌，結果悲劇收場）。

電視劇《后翼棄兵》，編劇用 Beth 來取代 Bobby Fischer，她要對付的棋王 Borgov，也是蘇聯棋王，他是一而再，再而三打敗過 Beth（當年 Boris Spassky 也是先後打敗過 Bobby Fischer）。

我們不懂下棋之人，當然不會明白「王翼棄兵」開局

與「后翼棄兵」開局，開放式與封閉式開局，有甚麼分別。但女主角 Anya Taylor -Joy 也是不懂西洋棋，不也是下得似模似樣，而且很具説服力呢。

藝與道

這個下午，出外隨意走動，享受下午好時光。先到公園散步，秋天來了，戶外已見涼意。園內嬉戲的小朋友可多呢，他們的歡笑聲最是動聽。

離開公園，走進商場內一間書店，看看有沒有值得買的新書，沒有（這書店，上架的新書不多，這樣下去，可不妙，到書店的人，會愈來愈少）。行書店，有一習慣，就是不能空手離開，遂買了本雜誌，不能出門旅行，便跟着旅遊作者的介紹，跟他們看風景，看藝術品去。

經過一茶莊，走進去，是想喝一杯 50 元的普洱熟茶（在茶莊，最便宜的一杯茶，取價五十，屬最低消費）。只見幾位文友，在長木檯前的木椅坐着，正在喝「青餅」呢。

「過來，一起試試這 1978 年的普洱。」文友説：「相請不如偶遇。不用客氣，坐下來，試試這剛泡出來的生茶，那與你喝的熟茶，是兩種不同層次，不同的味道。」

文友曾留學日本，説過「日本的茶道，擺出來的姿勢，很是好看，所以日本電影，講茶道，一門高深學問，但那日本綠茶，其實不怎麼樣，不會喝出滋味來的。我們喝茶，講茶藝，沒有那麼多花樣，整色整水。但我們的茶，種類繁多，都很好喝」。

這個下午，在這裏遇到文友，既有免費茶可喝，又有機會，聽聽茶藝這門藝術。

羅賓與瑪莉安

柯德莉‧夏萍飾演瑪莉安，辛‧康納利演羅賓漢。那是
1976 年，上映的電影《Robin and Marian》，兩人第一次合作，
那一年，女主角實際年齡，45，男主角，46。

柯德莉‧夏萍不再是演《羅馬假期》的公主，辛‧康納
利也不是演 007 的鐵金剛。四十多歲柯德莉‧夏萍與辛‧康
納利在《Robin and Marian》的戀情，溫馨場面，並不多見。

事隔多年，再看這部電影，有了不一樣感覺，這部戲，
拍來既不煽情，打鬥場面，有欠火爆，但羅賓與瑪莉安的
感情，細水長流，兩人的對手戲，還是好看得很。電影來
到最後一幕，男的本是英雄好漢，卻身受重傷，還中了劇
毒，不得不死，女的也追隨男的步伐，黃泉相見。這樣子
尋死，卻不感人。

往後十年，兩人在電影扮演不同角色，詮釋不同人生
面貌。兩位演員在銀幕亮相，各自精彩。但再沒有合作，
演技沒法再來一次較量，沒機會擦出火花來了。

辛‧康鈉利比柯德莉‧夏萍多活三十年，扮演過的角
色，多不勝數。踏入老年的辛‧康納利，不是亨利方達，
而柯德莉‧夏萍，亦不可能是嘉芙蓮‧協賓。所以即使他
們有機會合作，一起拍另一部愛情電影，亦不會像《金池
塘》，有着人間愛晚晴的溫柔。

台上對話

舞台上的兩人對手戲，最為精彩好看。說的是《科學怪人‧重生》兩位演員：王維與馮祿德，在台上擦出火花來。那一場戲，演盲人的馮祿德，與演科學怪人的王維，一個雖然看不見，卻滿腹經綸。另一個有口難言，還在學習講話呢。這樣的一個奇怪處境，竟然充滿張力，兩人皆有戲可做。

有學問的盲人看不見，科學怪人容貌醜陋，對他來說，不是問題。裝置在怪人的腦袋，大有來頭（是科學家看着科學怪人快有生命了，大受刺激，即時氣死。科學家死後，他的腦給移植過來），學起甚麼，都要比常人快速。

學曉語言，懂得說話了，怪人就可以跟盲人學哲學課題。

有哪一刻，我可以閉上眼睛，只聽兩位演員朗誦對白，不必看台上演員在做甚麼。兩位資深演員，有此能耐，不用看他們的身體語言，兩人只靠把聲，一樣達到預期效果。

當台上人多起來，每人都有一把聲，有說花多眼亂，現在是聲多煩亂。加上舞台上燈光耀目，演員的容貌看不清，閉上眼睛又不成，不知道誰在講話呢。群戲難演，演員各自精彩不夠的，演員台上互動，配合得當才成的。

觀賞《科學怪人‧重生》，有着與以往看舞台劇的不

同體驗。舞台設計見心思，夠前衛，打在舞台上的燈光，太燦爛奪目了，讓人看得不舒服，甚至連演員的容貌也看不清楚。台上演員愈少，愈見劇力。馮祿德與王維的對手戲，鬥演技，讓我眼界大開。

九十七歲

Sister Lucia 在葡萄牙 Fatima 見到訪美國作家的那一年，她八十多歲了，她的思路仍是十分清晰，有關 1917 年，與她一起在野地牧羊的兩名小孩——她的表弟妹，遇見聖母瑪利亞的故事。她該怎樣述說，才能讓作家相信，那是後來經過天主教教廷反覆驗證，真有其事的。

2005 年 Sister Lucia 辭世而去，那一年，她 97 歲，比她的表弟妹，多活了八十多年。在遇到聖母瑪利亞那一年，她已知道，表弟表妹會在少年時就要離開人世（她／他們先後因患上西班牙流感而去），這都是不能改變的事實。就像當年：1917，連續半年，她們三人都見到聖母瑪利亞，有趣的是，小男孩看到聖母，卻聽不見她在說甚麼。

起初三名小孩見到聖母的講法，沒有人相信，包括來自葡萄牙教庭的神職高層，但經過精神專科醫師診斷，三名小孩並沒有妄想症，她們沒有說謊。

半個世紀過去，一座「花地瑪大教堂」在當年聖母顯靈之地建成，教宗專程來到花地瑪見證歷史盛事。此時的 Sister Lucia，已在修道院靜修，每年到來的遊客（最高紀錄是每年有六百萬名遊客到訪）與 Sister Lucia 無關。她已完成了歷史任務，美國作家問她：「為甚麼會是你？為甚麼聖母選擇了你？」

Sister Lucia 沒有為此作出解釋，她也沒法説個清楚明白。她有的是感恩之心，讓她在世日子，見證了聖母瑪利亞的預言。

讀書會

在 Netflix 看《Guernsey Literary and Potato Peel Pie Society》，才知道二次世界大戰，這個英法海峽的英屬小島 Guernsey，在德國佔領期間，當地居民仍然可以有讀書會活動。

在納粹軍管下，平民百姓生活，不用說，艱苦不堪。農莊豬隻都給運走，送到德國軍營，讓德軍享用。居民收藏了一頭豬，懂烹調藝術的讀書會會員，親自下廚，弄出滋味可口的燒烤豬腩肉（看賣相，比起德國烤豬膝，一點不遜色），夠會員飽吃多餐了。

會員經常只可吃到的是薯皮批，potato peel pie，難吃極了。愛書人聚在一起，志不在吃（吃頓好的當然不會錯過），一起談論書的內容，誦讀作家作品某個章節，這樣的欣賞作家作品活動，遂成生活不可或缺一部份。戰爭結束，讀書會活動，繼續舉辦下去。

在倫敦生活的作家瑪麗安，對 Guernsey 讀書會一無所知，是讀書會成員請她寄一部名著過去，讓會員分享。遂讓瑪麗安親身到小島一行，去了解這個讀書會的組織，屬於讀書會會員的故事。二次大戰，納粹德軍橫行，這人間樂土，亦避不過劫數。

讀書會，一個沒法與暴軍對抗的組織，在戰爭期間，

倒成了會員的慰藉，當居民甚麼都不能做，仍有書可讀，而且還可以一起讀。活着，大家仍有希望：下次見面，我們會誦讀哪本書，哪一個章節呢。

説張

張愛玲 1995 年 9 月初（沒法確定哪一天？）辭世而去，至今二十五年了。港大在 9 月 30 日大學通訊 e-connect 來一篇簡單報道：《在港大尋覓張愛玲》。

文章道出 1939 年至 1942 年張愛玲在港大的日子：「香港淪陷，大學停學而被迫輟學，返回上海。」其後在上海幾年，「成為她創作的高峰期」。《第一爐香》，《傾城之戀》，説的是隔遠來看的香港故事。發生在那年代的人和事，是否真的刻劃出淪陷時期的香港面貌來，並不要緊，重要的是張愛玲對人性的洞識力，遠勝同時期作家。

張愛玲在她的散文《燼餘錄》亦有提及戰時在香港的所見所聞，對她有「切身的，劇烈的影響」。怎樣切身，劇烈，短文沒有詮譯這講法。

有關張愛玲的評論，她生前已有不少，逝世後，張愛玲乜乜物物，更是鋪天蓋地而來。認識幾位學者，她／他們的博士論文，寫的就是張愛玲的小説技巧，探討小説所展示出來的人生課題。

張愛玲研究，是一個發掘不完的「金礦」，博士生只要肯花上幾年功夫，必有所獲，總會找出新意思來。

「不過，先決條件是你一定要喜歡她的作品，不然的話，怎能堅持下去。那不是寫讀書報告，拾人牙慧，不成

的。」年輕學者如是説。

談論張愛玲的文章，比起張愛玲的作品，恐怕要多出幾倍。一個又一個作者，從不同角度，講述張愛玲的故事，更是沒完沒了。

親自體會

《大武山下》說的是一趟對人生意義的尋覓過程，有關道理，作者龍應台在《後記》說得清楚：「辯論一千次樹是甚麼，樹應該是甚麼，不如走進山中一次，看一棵樹。」

旅程由作者「我」在大嶼山見老僧人「師傅」開始，師傅着「我」到台灣大武山體驗生活，在那裏，「我」過了三年，感受良多，都書寫下來。再去大嶼山，師傅仙遊，辭世而去，只留下十個字給「我」：「世界所有塵，一一塵中見。」

說得太玄妙了，有點像「心靈雞湯」，喝下去不難，喝得明白，就不容易。那碗湯，可不是靈丹妙藥，一服見效，是要到塵世經歷，親身體驗出來才成的。作者是要去大武山下，過三年接近大自然的日子，見山，見樹，見人，心中就明白了。

作者在《後記》指出：「這個世界突然變得非常喧嘩。語言成為辯論的工具。」龍應台寫《大武山下》，不是要辯論：「小說，不必辯論。」因為「一片枯葉的顏色所給我的感動，超過那許多偉大的，喧嘩的，激動的舞台」。

《大武山下》不是心靈雞湯，儘管小說帶出來的主旨：這個世界，沒有愛，就甚麼也沒有了。

道理，我們都會明白，但，在世的日子，我們還得親

自去走一回，才明白：人世間的牽掛、聚離，皆為常規。

龍應台的《後記》，話，説得太多了。看《大武山下》，只看小説，不用看後記，就讓小説人物，帶動、啓發我們，會更好呢。

中年情懷

　　自稱「佬文青」的李偉民說「演技首選」的男演員是
任達華，女的是「張曼玉」，卻只寫了這幾句：「如果他
們（任達華，張曼玉）在三十多歲的時候，能夠合演一部
情慾男女的《慾望號街車》（《A Streetcar Named De-
sire》），可能比張國榮和梅艷芳在《胭脂扣》的演出，
更為激盪！」

　　先後看過張曼玉主演的《旺角卡門》、《阮玲玉》、
《甜蜜蜜》、《客途秋恨》、《花樣年華》，詮釋角色性
情，處理恰到好處，帶出不同層次來。張曼玉的演繹方式，
與任達華「演嗰樣，似嗰樣」相近，要是他們兩人有機會
同場演出，演技大比拼，該會好看的。

　　這樣的合作，暫時來說，看似不可能。不過，兩位演
員，人到中年，也不是不可以演情慾戲的，1995 年，奇連伊
士活人過中年了，與年近五十的梅麗史翠普合作，在《The
Bridges of Madison County》演出忘年之戀，這樣的愛情故事，
同樣能牽動人心。只要有好的劇本，好的導演，找來任達華，
張曼玉，由他們當男女主角，兩位皆為好戲之人，該可擦出
火花來。

　　不然的話，再等它十年八載，來到接近當年亨利方達
（Henry Fonder）嘉芙蓮協賓（Kathrine Hepburn）演《金

池塘》（《On Golden Pond》）的年紀，仍是任達華，張曼玉當男女主角，一起演繹人生悲與喜，這樣的一套人間愛晚晴電影，相信仍會是好看的。

不安

在書店看到李天命著作《不定名》，一時不察，以為那是我等了五年，李的新作，書買了下來，才知道那是李在文化雜誌發表過的文章，現結集成書，也算「新」書吧（書中不少文章，還是第一趟看到的）。

此書特色之一，是李天命講的思考，多是憑直覺，不講邏輯，就像他寫過不少詩句，講的是對生命的感受，不用講道理。講的是心情，講直接的人生體驗。《不定名》有不少佳句：像「大智者，接納不安」。「大勇者，無所恐懼」，皆與邏輯分析無關。

此時此刻，我們在這裏生活，面對疫情，面對困難，有着那麼多不穩定因素，可以怎樣呢？真的是「害怕也沒有用」了。李說有大智之人，能坦然接受那不安情緒。認識不少文化人，他們都說：現正過日子，學會不想那麼多。學會處變不驚，憑的不是甚麼大本事，而是知道，為明天憂慮，沒有用的。今天的煩惱已經夠多了，夠我們去應付的了。不安是一種情緒，我們處於一種不知道該怎麼辦的情況底下，害怕也沒有用。

李天命說的人生取向，那是他自己的想法，不能說我們看完《不定名》，就有了應付人生難關的智慧，知道怎樣做，便可逢凶化吉。不過，從中得到啟示，知道原來有

些問題，可以這樣想，那也不錯呀。

　　沒見李大命有五年了，他該如他所講：是「成功人士」來的。他「不是緊貼時尚的潮人」，而是「一個逍遙快活」之人。

少年歲月

活地阿倫（Woody Allen）的自傳《Apropos of Nothing》，不用一頁跟一頁的去追看他的故事。活地的童年往事，乏善可陳。不過是説父母不學無術，一生沒有看多過一本書。父親擁有唯一一本書《The Gangs of New York》，活地看完又看，對橫行紐約黑幫着了迷。就像他同齡少年對棒球着迷一樣。少年活地，沒機會遇到黑幫，只能到電影院，看他們的威水史。

只愛看漫畫書的活地，心目中的英雄都是虛構出來的：超人，蝙蝠俠，閃電俠。活地消磨時間的好去處是電影院，有大名星主演的電影他固然不會錯過，爛片他一樣看得津津有味。

父母從來不帶活地去博物館、看畫展。活地是接觸到視覺藝術後，才知道電影世界以外，還有用顏料繪畫出來的世界，同樣迷人（有關藝術家，文化人，會出現在活地的電影裏。活地不會忘記，諷刺他們的可笑，作狀行為）。

作家 J D Salinger（沙靈傑）在《The Catcher in the Rye》（麥田捕手）創造出少年 Holden 這個角色，這少年逃學（還有離家出走），不認同成年人的價值觀。儘管 Holden 徬徨、焦慮，但他願意做一名守護者，拯救在麥田邊緣懸崖嬉戲的小孩，不要他們跌倒受傷。

　　活地說他不會是 Holden，他當然不是，活地那有經歷過甚麼青春反叛期。逃學去看電影不算反叛，活地是認為在課堂上，聽老師教學，可沒有在電影院，看明星演出，聽明星講對白那麼有趣。他怎會去救在危險邊緣的少年人呢。

意亂

　　《Sex and Vanity》是 Kevin Kwan 的第四部小說。前三部講的是富豪生活，當然，不可或缺的是富二代的愛情故事，生活品味，人生取向。《Crazy Rich Asians》拍成電影，呈出來的是富貴人家的愛情，沒想像的多姿采，金錢堆砌出來的富豪生活，不值得羨慕。倒是愛情路上，真愛難求，真的遇到了，就如女主角一樣，愛自己的人，既有真情義，家底又好，人又英俊瀟灑，怎會放過呢。

　　來到 Kevin 的第四部作品，說的仍是華裔富二代的愛情故事，要是拍成電影，取景不再是新加坡、香港、內地，而是意大利 Capri，美國紐約。第一章，女主角 Lucie 與男主角 George 的迷情在意大利小島 Capri 發生。來到第二章，女主角仍是 Lucie，男主角換了，是 Cecil。地點：美國大都會紐約。

　　看《Sex and Vanity》，讓我想起莎士比亞的《仲夏夜之夢》（A Midsummer night's Dream），Lucie 到意大利 Capri 參加好友 Isabel 的婚禮，在這一個星期內，Lucie 參加了眾多與婚禮有關的活動：牽動人心的音樂晚會，衣着見品味的酒會，非一般的遊船河，午餐，狂歡舞會，應有盡有。《仲夏夜之夢》出現的眾多小仙女，揮動神仙棒，亂點鴛鴦譜。Capri 的日子，很具夢幻色彩，每天節目豐富，還有喝不完的美酒，Lucie 遇上 George，情不自禁。這樣的夢幻愛情，會開花結果麼。

泛黃封面

大半年前，疫情剛開始，路過中環大街，看到昔日愛光顧的書店仍在，遂沿着梯級往下走，進去看個究竟。老店格局變化不大，就是欠缺人氣。在擺放傳記角落，仍然可見那本 Joyce Carol Oates 的《A Widow's Story》，平放在木檯上，2011 年出版的傳記，封面已發黃了。要是沒記錯，這部著作，一年前已擺在這裏了。

在書店停留近個半小時，不見太多人下來購買書籍。已過了下班時間，顧客不多，是常態吧。類似情況，同樣出現在九龍樂道總店，上一趟去總站買書，覺得奇怪。書店好像入貨不多，冷門書，是賣少見少，就算是流行作家最新著作，也不一定可以找到。書店負責人說：「我們可以代你訂購的。」

上一趟在這書店，訂了 Chris Patten 的《East and West》，還在這書店，拿到 Chris 的親筆簽名。簽名活動那天，書店內外，半條街站滿人，手持新書，都想與末代港督打個招呼，拿個簽名，二十二年前的事了。

念中學時，書單就是由這間書店代印的。每年暑假剛開始的第一個星期，就會拿着書單到書店，職員按照書單「執書」，沒有一次過就把書執齊。這樣才好，我們可以再來一趟，買教科書之餘，我們最愛上書店二樓，翻看、購買企鵝出版的小說。

短跑好手

最後一次見 William Hill，八個多月前的事了（2019 年 11 月 30 日）。那是學校一百五十週年慶典晚宴，剛吃過頭盤，大家已急不及待，站起來，離開座位，四出找尋多年不見老朋友，談幾句去了。

William 身高 6 呎 2 吋，在人叢站着，十分顯眼。該是他先發現了我，主動走過來，與我打個照呼。每次見面，他總是笑容可掬，問：「你一切可好？」

William 是我們那年代的短跑好手，一百米、二百米，四百米紀錄保持者。在校內是「明星」，在學界，香港公司開賽，也是一哥來的。是第一位代表香港參加奧運短跑的香港選手。難得是這樣的一位出色運員，為人謙遜有禮，與他見面的機會不多，每一趟，都是他主動走過來（他的步伐，比起我們，就是快那麼一點點）。

「我總是希望我保持的紀錄，早日被我的師弟打破，而我在學界的成績，亦可讓友校運動員超越。」William 是要等到他差不多到退休年齡，保持百米 10.6 秒紀錄，才讓同門師弟以 10.4 秒打破了。

William 已成了學校的傳奇人物。他曾先後返回母校，在週會與同學分享他的跑步經驗：當年校長 Mr Lowcock 是他的伯樂，對他的鼓勵，讓他一生受用。在校際學界運動

大賽，他又會抽空到來觀戰，為師弟打氣。有好幾次，見他站在一旁，遂請他在現場，為師弟講幾句振奮人心的話。他笑着回答：「不用的了，看着他們能夠全力以赴，把潛力發揮出來，做到最好，就可以了。」

夢想與妥協

看音樂劇《我們的青春日誌》，好聽的歌曲太多了，竟然對「我有個夢」主題曲的變奏，視而不見，聽而不聞。

導演 Tom 說：「看一次，不夠的，至少得看上三遍，才會領悟其中真意。」

看藝術電影，只看一遍，可會錯過某些喻意，意境。看一部小說，讀一首詩，只看一次，就看懂了？看音樂劇，既得聽演員詠唱主題歌曲，又得看他／她們演繹人生際遇，會花多眼亂。

年輕時，追求夢想，該義無反顧，向着理想邁進，不會因困難重重而放棄做夢。「沒有本錢，就是最大的本錢」。年輕人可以如此做，年長的又如何？年長的為了生活，不得不妥協，他們不想自己的下一代，為了追求理想，不肯隨波逐流，到頭來，恐怕要比他們將來，過比他們更為不堪的日子。那時，後悔莫及了。

在《我們的青春日誌》中亮相的上一代，曾經阻止下一代追夢，不過，最後他們明白，他們當年不敢追夢，卻不好因而不許下一代去做他們們想做的事：踢足球，學唱歌。他們當年做不到的事，年輕一代或許可以做得到呢。

認識一位年輕人，喜歡寫作，不過，他知道沒法靠寫作為生。大學畢業後，他找到一份安穩工作，生活有了保障，放工後，別人去飲酒作樂，他則在咖啡店，坐下來，書寫人生體驗。

說聲再見

在《希特拉偷走我的粉紅兔》中出現的小女孩安娜，與家人逃難，由德國開始，然後是瑞士，法國，最後定居英國。由9歲至13歲，安娜與家人會不斷遷居，從一個國家到另一國家，離開前，她都會依依不捨的向住過的地區道別，向一幅牆，街角水池，道旁小樹、學校、庭院，安娜會説：「再見了。」

安娜第一次説聲再見，是向家鄉住過的居所，她所有的玩具，包括粉紅小兔説的。當然，還有她家的女僕，學校的同學（不能告訴她們她要開始逃亡了）。她要告別的是她的童年，那美好的年代，希特拉的冒起，她們一家人不得不走。留下來，會是死路一條。

觀看電影時，每一次，聽到安娜向走不動之「死物」説聲「再見」，心是為之一動。那一棵樹，一條河，一幢樓房，或許會聽到安娜的「再見」。安娜的童年回憶，因那一句「再見」，而成了記憶中的定鏡，多年以後，安娜書寫她的回憶錄，所有景物，一如她的粉紅小兔，會一次又一次的出現眼前。

「再見了」這一句話，安娜不光是向她的童年告別。追憶從前，她也向她的父母，朋友一一道別。回憶錄，書寫過去日子，都成了歷史，而活在那時代的人，多已比安娜早走一步，辭世而去，倒是那年代的街景，經得起考驗，仍在呢。

驚醒夢中人

《月亮的背面》女主角素安，這位性潔癖患者，竟然也做了個與性愛有關的綺夢。

自從素安見過青霜大學女友後，她竟然沒法接受丈夫的過去（儘管青霜與她一起後，全心全意的愛她，她仍嫌不夠）。素安有了心魔，再沒法與青霜相愛。糾結下去，看來只得離婚收場。

這位喜愛古典文學，看懂宋明以降名家字畫，談吐優雅女子，竟在夢中，差點就與她所喜歡的古時大詞人發生關係（要不是夢中出現了地震，把她震醒，她就會一如《牡丹亭驚夢》的杜麗娘，在夢中與柳夢梅初試雲雨情）。

榮格Carl Jung談及備受壓抑者，所做與性愛有關的夢，用來詮釋素安的夢，她的心理狀態：她外表看起來，冷若冰霜，拒人（青霜）於千里之外。但她是有苦自己知。於是，來到夢中，她自由了，回到從前（是千百年前），竟然差點就與她喜歡的古人共赴巫山雲雨。是不是這樣子出軌後，就可以與青霜重新開始？

素安這個夢，由她獨自駕車出外開始，然後她遇上夢中「情人」，詩詞大家。在無法拒情況下，她就要「失身」了。地震來得及時，把她震醒。

這個夢，讓素安明白：她也可以不是潔白無瑕的。她

也一樣可以不由自主，在夢中背叛丈夫青霜的。那麼，她要求丈夫，在未認識她之前，不能有女性朋友，這樣的要求，合情合理麼？

素安有此荒唐一夢，讓她明白：對人間情愛要求，會不會陳義過高，不切實際呢？

字畫導賞

　　看過小說《月亮的背面》，再看書中歷代藝術家的字畫，一書兩看，先看故事，再看書法，繪畫介紹。林琵琶的書畫導賞，展示出作者的識見來。

　　問作者林琵琶：「為甚麼不把書法，字畫評介，都放到附錄，讓我們先看完小說，再欣賞字畫？」

　　作者的回應：「讀者只看小說，可能不會看附錄的了。現在他們看到小說中人談書畫，翻到下一頁，馬上可以看到我介紹，不用翻到底頁了。」

　　作者介紹米芾的行書《吳江舟中詩》：「是他在舟行時即景之作，描寫逆風行舟，泥黏舟底，縴夫討價還價，才奮力『一曳如風車』，令小舟順利前行。」

　　作者的詮釋，讓我們再看米芾寫「一曳如風車」，有了新的體會，更能看出書法特色來。

　　作者透過《月亮的背面》男主角青霜對米芾的評介：「船上寫的詩，即景而成，情隨景發，詩好，書法更好。」

　　青霜懂宋人書法，是他妻子素安的功勞：「她是這方面的專家」。可惜的是，素安是性潔癖患者，竟不能接受青霜年輕時的戀情，那是他們仍未認識時的陳年往事。素安看懂古人字畫，卻看不透現代人的男女關係。

　　素安最後終於明白過來：丈夫青霜的過去，已成過去，

改變不了。往後的歲月，她倆過的並不是妥協生活，而是像明末清初許友草書寫的《春深》其中一句：「莫嫌小圃花稀少」。何況，素安與青霜住的居所，滿園子的花開得燦爛呢。

一人騷

一人騷（one man Show / one lady show），在歐美劇場甚受歡迎。功力深厚的演員，已不用在美國紐約 off off Broadway，或英國倫敦小劇場演出。可以到紐約百老匯，倫敦 west End 暢所欲言了。

看過的一人騷，表演者多為女性，談到與性有關課題，女子更見膽識，說起粗話來，比男演員更為開放。由女演員（有時是作者本人）談及女性陰道，讓人聽了，不會反感，更不會抗拒。同類話題，由男演員來詮釋，講的是男性器官，會有觀眾購票入場麼？

女子不談性，還可談感情生活，在工作所遇到的挫折，娓娓道來，仍可引起觀眾共鳴。在舞台上，女演員向我們訴說她的苦況，不是要博取同情，而是讓我們知道，所謂男女平等，不過是空話一句。

生活在倫敦的現代女性，快樂不快樂呢。Phoebe 敢言，對身邊的人不賣賬，得罪人多。不過是為了生存，對方未出招，自己就先發制人了。這樣的女強人，可愛不可愛呢？在舞台上，大家都能接受這樣的揚眉女子，在於台下，我們會不會敬而遠之呢。

一人騷與棟篤笑（Stand up comedy）可有分別，女演員的一人騷不是以攪笑為主，是在認真探討人生課題（對

白可以有趣，好笑，但不會只想惹笑）。棟篤笑表演者多是男的，也會討論嚴肅問題，風趣幽默，讓觀眾聽後，忍不住笑起來。

　　不管是一人騷還是棟篤笑，讓我們看到人生的荒謬，可笑。

夜渡無人

在書店找書，在當代文學一欄書架上，竟然看到一本《周國偉文集》。書的封面設計：江邊有一小木船，船上沒有人。

一書在手，看着封面，讓我想到「夜渡無人舟自橫」。喜愛到湖中泛舟的國偉，可沒機會坐上那艘木船，去欣賞湖光山色了。

有時候這樣想：要是國偉甘心當一名中學教師，過平凡不過的生活。喜歡寫作不是問題，當是業餘嗜好就好。不用一面教書，一面攻讀博士，可不容易。

與國偉見面機會不多，第一次見，他剛從非洲回來，生活看來不怎麼寫意，他似有解不開的鬱結。如今看他的《船》其中幾句：「魚網不曾撒過／夢卻網上多個／但總叫人不安半天／獨自漂流的日子不好受／雲和風的移動漸變得空洞」，詩反映出國偉的孤寂。那時候，國偉是否已從非洲回來，不得而知。只知道我們一起吃飯聊天時，他話不多説，人是有點憤世嫉俗。

按理國偉教中學是沒問題的，但他愛思考人生課題，遂走上研究哲學問題之路。看他寫的《拉岡：欲望的符號與符號的欲望》，我是似懂非懂。他寫的「《百年孤寂》：生命的寫照」，好懂多了。

　　不知國偉研究人生課題、有沒有鑽牛角尖。有認識的
哲學系教授，課堂上理論，只限課堂上討論，與日常生活
上無關。國偉好像分不開來，他的生活，與堂上教授這一
科的態度，都是一致的。這樣子生活，國偉辛苦，與他相
處的人也辛苦。

島上活動

在美國 Florida，真有 Camino 這個度假小島？還是這個島，是作家按照 Amelia 這個島原型，作為依據，改寫而成。Camino 是虛構出來小島的，小說人物，亦是虛構而成。如有雷同，實屬巧合，讀者不用對號入座。Camino，一個在地圖上找不到的島，在島上發生的一切，不用問是否真有其事，只問小說好看不好看就是。

John Grisham 寫《消失的費茲傑羅》（Camino Island），說大作家 Fitzgerald 的手稿《大亨小傳》收藏在普林斯頓大學圖書館，被高手偷走，也是虛構出來的故事。來到故事續篇《Camino Winds》，序幕是：

一場世紀風暴來襲，島上一切活動，被迫停止，連最受當地居民及遊客歡迎：在島上，Bay Book 書店舉辦的作家新書發佈會、簽名會，也得取消。

書店店主 Bruce Cable，有份參與轉售大作家 Fitzgerald 手稿的高人（他有此本事，成功避過 FBI 的突襲，在他們來到書店搜查前，已把手稿運走）。風暴過後，遊客暫時不來了，當地居民還是喜歡到書店，參加文化活動。

故事人物是虛構而成，但書店的魅力：a power house on the national bookstore circuit，那江湖地位不曾改變。所以，風暴一過，它仍是文化人埋堆的蒲點，也是居民到來沾點文化氣息的好去處。

過去，將來

2019 年 11 月 30 日，應邀出席學校慶祝一百五十週年晚宴。來自不同屆別的校友都來了。遠方來的，有師兄，同代人，年輕人，濟濟一堂，大家都顯得那麼高興，當晚不乏牽動人心，教人感動時刻，有關表演，看似即興，其實經過精心策劃的。整個晚上，大家志不在吃，頭盤吃完，就到處找多年不見的師友去了。見面，大家有說不完的話題呢。

慶典過後，寫了幾篇文章，記下當天晚上所見所聞。半年前的一百五十週年校慶活動，五十年前的一百週年校慶，都成歷史了。

半個世紀前，我們那一代人，大學剛畢業，或仍在中學，大學念書，為日後可到哪裏工作，或到哪裏升學，感到困惑，徬徨不已。

都成為過去了。

徬徨少年時，該是每一代人的成長經歷。

上一代人的故事。說給下一代年輕人聽，不一定會引起共鳴的。所以，前輩不會對後輩提點甚麼了。是知道，說甚麼「不聽長輩言，吃虧在眼前」的話，沒市場的。有共同話題的，多是同一代人。

2046，來到那一年，現在念大學，中學的年輕人，正

當盛年，他們過的，會是怎樣的人生呢？

人生有過去，現在，將來。而將來，屬於年輕一代的，想過怎樣的日子，該由他們來決定。

戴眼鏡的貓

說愛屋及烏，寫《賣藝者言》的李偉文，卻是愛藝及貓，他當佬文青（他自稱佬文青，這個佬，是他姊姊在他年少時愛叫他「細佬」，省了個細字，就叫「佬」），該當得開心吧。

李偉文的解釋：「我們做律師的，會戴假髮，身披黑袍。而你知道，我又愛做文藝青年（其實是佬文青了），愛戴圓形黑框眼鏡。我寫貓，也就給牠配上與我一樣的小圓圈黑眼鏡，還把牠放到書的封面去。」

認識佬文青李偉民有一段日子了，卻是不明白，他竟是個標準的 slashie 一族，一身兼多職。這一刻，他是律師，在律師樓正正經經的處理有關業務。下一刻，他是藝術界，文化界中堅分子，既講文化政策，又去欣賞本地或外地藝術團體的表演。跟着他又做個旅遊達人，去他愛去的地方，欣賞文藝表演，看建築，看展覽，在街頭喝茶或咖啡（他會喝酒麼？），然後寫一篇與文化，藝術有關的文章。這樣的一個 slashie，過的可是稱心寫意，逍遙自在日子。這樣的佬文青，我也想當呀。

《賣藝者言》，其中有一篇，探討三類人：Slashie、Temp、Freeter。

對於工作，按佬文青的講法：「人們對於工作，不再

從一而終，反而渴求自由。而自由有三種：時間的自由，
取捨的自由和性情的自由。」

不過，疫情持續，這樣的「自由」，會不會受到影響？
當生活都成問題，我們還會像以前一樣，活得那麼「自由」
呢？

下一趟，與佬文青茶敍，得請教他了。

混聲合唱

協恩中學校友傳來師妹合唱《You'll never walk alone》，這幾個月，學校合唱團不能返回學校，聚集一起練唱，只能分開唱，遂有此「虛擬合唱團」的出現。負責統籌的，距空揮動指揮棒，一眾合唱團友，詠唱出牽動人心的歌來。

「當天空不明亮，又藍色時，你們並不孤單，因為你永遠不會，獨自行走。」

當年曾到協恩中學，參加混聲合唱的男校舊生傳來短訊：「此時此刻，疫情仍未過去，聽到協恩同學詠唱出天籟之音，真的是好。」

舊生接着說：「當年到協恩練歌，開始前，協恩音樂老師會在家政室，設備茶點，招呼我們這班男生。不過是一件餅乾，一杯紅茶，對我們來說，這茶點比甚麼都好。冬天時分，來到女校，有熱茶可喝，有甜餅可吃，我們是太感動了。歌，怎能不用心去唱。」

那一年的校際音樂節，男女聲高級組混合唱，就是由她／他們奪取了冠軍。

舊生忽發奇想：「女生可以來一個『虛擬合唱』，而且效果奇佳。她們可以，男生也是可以的呀。我們可不可以提議，來一個『虛擬混聲合唱團』。先行分男女生各自

練習，待把要唱的歌練習好了，進行一次兩次預習，再定
一個時間，男女生一起唱，那便是男女混聲大合唱了。」

　　舊生的問題：怎樣可以把這提議變成事實，而不是得
個講字。

談作家

顏純鈎在《一枝草一點露》提及幾位作家、畫家，我都有幸得見一面。有仍在的，但也有早已辭世而去。不過，人不在，作品仍在，只要肯去找（圖書館該仍有他們的著作），該可以找到來看的。

先說汪曾祺，1986 年他隨同眾多中國作家，到香港一行。那時我在港台主持一個談書節目《開卷樂》，打算訪問幾位訪港內地作家，「博益出版」總編輯李國威說希望可以與汪曾祺對話。當然可以，我是樂意做主持，由他去問汪老，談他的《受戒》。

當天的談話內容，早已忘記得一乾二淨，但當日汪老態度隨和，臉帶笑意，笑咪咪的回應問題，汪老的謙厚，讓我覺得不好意思，畢竟我是沒有看懂他的小說，以為他筆下人物，過於簡化了。幸好李國威知道汪老小說魅力所在，說出個所以然來。

顏純鈎用幾句，就道出汪曾祺小說特色來：他的小說「是中國民間生活的百科全書，他的作品合起來，就是一幅中國現正代的『清明上河圖』」。

現在再來看汪老作品，他的白描手法，看似閒閒幾筆，已把人世間不同人的面貌，呈現出來。年輕時看不懂，現在總算明白多一點了。

　　顏純鈎的導讀：「汪曾祺卻是對三教九流都熟極而流，
信手拈來都是過日子細細巧巧的瑣事。」

　　汪曾祺小說耐看，好看，亦在於此。

網上傳歌聲

居家日子，與外界隔離，卻不愁寂寞。既有小說，雜誌可看，又有歌可聽。蕭先生傳來他女兒 Michelle 詠唱多首名曲，有自彈自唱的，有管絃樂團伴奏的。第一次聽 Michelle 唱《當你老了》，歌聲悅耳，不過少了那份蒼桑感。倒是 Michelle 唱《You raise me up》、《One moment in time》、《Ava Maria》，百聽不厭。

每趟聽完 Michelle 的獨唱，都會向蕭生致意。隔不了多少天，又有 Michelle 唱的新歌傳過來。

兩位有份在音樂劇《我們的青春日誌》演出的 Joey 和 Carmen，傳來她們會在舞台上唱的歌曲。Joey 唱《已讀不回》、《點止乒乓》，Carmen 唱《怎麼可以連累你的夢》。兩人異口同聲說 musical 的唱法，與唱 pop song，唱 choir，大大不同。既要演，又要唱，表情與節奏，要掌握得恰到好處，才能打動觀眾。希望疫情早日過去，暑假到來之前，可以去小劇場欣賞她們的演出。

今年年初，1 月 3 日，晚間聚會，朱芸編先後用二胡拉奏《紅樓夢》，《野蜂飛舞》，朱芸編的演奏，牽動人心。然後他說要為我們來一首貓王皮禮士 Elvis Presley 的《Can't help falling in love》。那一刻，要是有人站出來，唱貓王的首本名曲，會多好呢。

小說名單

看西西的《看小說》，感到驚訝：為甚麼有那麼多部西西提到的小說，不要說沒有看過，聽都沒聽過。後來想到，不少她提及的小說，在一般書店，根本就不會擺在書架上。要是上網去找，沒有介紹，推薦，怎知道會不會把書買下來，看幾頁，就沒法看下去呢。

到外地旅行，必備節目：逛書店。在店內一架新書，總可見到不少著作貼上評語，那是來自書店的推薦。曾為此問書店職員，書寫在白紙上的幾句話，是誰寫的。職員的回應：我們有請書評人看新書，寫評語。那不是廣告宣傳手法，是愛書人對剛出版著作的看法，短短幾句，對讀者，可供參考之用。

西西說她看小說：「一般來說，並不怎麼在意作家寫了甚麼，而是留神他們怎麼寫。」

對我來說，仍是停留在看作家寫的是甚麼，寫得「好看不好看」的階段。在書店中見到的評論，要顧及讀者，亦以此為依據。一般人看小說，特別是驚悚小說，流行言情小說，可以讓人追看下去的，自會把書買下來。就像旅遊期間看的著作，可以看下去的就可以了。用紙杯飲咖啡，喝完，紙杯沒有保留下來的必要，流行作品，也是看完即棄。

西西看過，結集成書《看小說》的，有五十多部，我看過的十部不到。不過，沒有看過的（哪裏找？），大概也不會設法去找來看。

兩本簽名

文友何福仁説起詩人楊牧在科大的日子：在九龍佐敦道，與他一起行廟街，在茶餐廳喝啤酒的往事。倒讓我想起我們一起吃過一頓晚飯，楊牧在我帶去他的著作內頁簽名。一本是用葉珊筆名所寫的《傳説》，另一本是用楊牧筆名寫的《交流道》。這兩部有他簽名的著作，先後在 2012 年，2014 年，送到中大圖書館特藏。這個晚上，沒法拿出來，翻看一下了。

那年代，偶然會與來自台灣的文化人、學者、詩人見個面，大家吃頓飯，吃的是家常小菜，不算是應酬吧。他們很樂意到來，該是想見見我們的朋友西西。

楊牧不是寫《如歌的行板》的瘂絃，話不多説。在席上，我們不怎麼説話，瘂絃總會説幾個文壇笑話，打破僵局（在晚局，我們都是不懂攪氣氛），讓我們開懷大笑。楊牧是詩人，也是學者，好像不愛講笑。我對福仁説「楊牧不理人情世故」，福仁説「他理人情，不世故」，較為中肯的講法。

年輕時的楊牧，用葉珊筆名寫詩，較為感性，到了用楊牧這個名，作品結構嚴謹，哲理深邃，有時是不好懂了。不過，不用耽心，楊牧寫過《一首詩的完成》，叫我們不用怕，想創作，想寫詩，可以的。

楊牧的簽名本，由中大來收藏最好。把書送出去，我是知道，不會再看他的作品的了。

第五章

拔萃情懷

遷校百年話滄桑

馮以浤

1928 年的拔萃男書院

　　拔萃男書院校董會在 1917 年 11 月的會議上作了兩項重大的決定：（一）委任費瑟士東（Featherstone）為校長，接替在位四十年、1918 年 4 月底退休的皮亞士（Piercy）；（二）般含道的校舍已經飽和，必須從速向政府申請，覓地他遷。政府瞬即反應，1918 年 1 月便向學校提供了兩個選擇：（一）港島香港大學以西一個山頭；（二）九龍半島中部一個山頭。

　　費瑟士東（1886-1944），生於利物浦，牛津大學畢業後，來港工作，任職西營盤聖彼得教堂（St. Peter Seamen's Church）。他對拔萃並不陌生，1914 年曾應邀到校主持聖經考試。雖然甫上任便要負起選址和遷校的職責，但對他來說，這正是一項求之不得的工作。多年來，他一直居於山頂盧吉道。當了校長之後，校方也破例不要他住校。在家裏，他經

常憑欄遠眺維多利亞港和九龍半島。那時，九龍只開發了尖沙嘴部份地方。他因此偶然會作起白日夢來，想着：如果有朝一日能在半島獲得一大幅土地辦學就再好不過了。

現在，知道政府願意在九龍中部撥出一個面積 10 英畝的山頭給拔萃，那就真是天從人願了。可是他仍然未感滿意，要求政府撥出更多土地給學校。1918 年 11 月，代港督施勳（Severn）向校董會表示，政府願意在九龍撥地 17 英畝給拔萃建新校舍。對此，費瑟士東萬分雀躍，但有部份校董則擔心新校舍位置偏僻，四周都是花圃和菜田，交通極不方便。但費瑟士東是一個高瞻遠矚、雄心萬丈、敢作敢為的人。他的着眼點在將來，不在當下。這時，窩打老道和亞皆老街的建築工程經已展開，太子道也正在規劃中。政府又有計劃把九龍塘發展成低密度的花園住宅區。因此，他力排眾議，指出：坐落百呎高的山頭、鄰近高尚的住宅區、佔地廣達 17 英畝、設施優良的新校舍，將會吸引到不少學子前來就讀。加上一望無際的視野、源源不絕的清風，將會令他們心曠神怡，聚精會神地學習。在他的建議下，校董會在 1921 年 9 月再去信政府，要求增加撥地興建球場。結果又如願以償，面積擴至 23 英畝。

1924 年 2 月，學校與建築商林護簽約，開始施工。次年夏天，香港發生了前所未有的大災難。事緣 1925 年 5 月 30 日和 6 月 23 日，先後在上海和廣州發生了參與示威的學生給英租界軍警射殺的事故，引起港人公憤，導致省港大

費瑟士東

林護

罷工。罷工人數約 25 萬，佔香港人口三分之一；離開香港的人數相當於全港人口的一半。這時，香港百業蕭條、公司倒閉、地產萎縮、進出口貿易減半，以致拔萃般含道校舍的買家撻訂、興建新校舍的捐款失去預算，令學校陷入極度的財政困境，而政府又拒絕施加援手，希望藉此機會收回土地，讓英皇佐治五世學校在此建校。

承建商林護是孫中山的忠誠支持者，為革命事業出錢出力。在收拾黃花崗 72 烈士的屍骨上，他扮演了一個舉足輕重的角色。他不但策劃和聯繫各方人馬，還親自上廣州參與其事。他又是香港聖公會的重要人物，為教會推廣教育事業不遺餘力，例如成立基督教青年會和創辦聖保羅女子中學（今聖保羅男女中學）等。

他知道拔萃出現財政困難之後，便找個機會對費瑟士東說：金錢事小，教育事大。請放心，我無論如何都會準時交給你一間完整的新校舍，讓你好好地辦學。建築費可以等到學校財政好轉之後才還也不遲。我相信拔萃的財政是一定會好轉的。費瑟士東聽了，大為感動，把他的説話銘記於心。

1926 年 3 月 8 日，學校在新校舍復課。在第一個早會上，費瑟士東校長首先就向林護致謝，説：沒有他，拔萃就沒有這所新校舍。

是的，沒有林護，我們就沒有今天的校園；沒有費瑟士東，今天的拔萃也不會是現時這個樣子。

校園一角・剪影

攝影：Jim Leung

運動・音樂

照片：DBS 提供

大樹依然

何志平

「我要向山舉目,我的力量從何而來。」(詩篇121)。

學校,在小山頂上,正是我等力量之根源。學校禮堂前的鳳凰木大樹,葉出葉落,看着一代又一代的孩子進來,長大,離開,又回來,最終又離去。才明白到,學校原來是棵大樹,是個家。

六十年前,即 1961 年 9 月的一個早上,新來 Form 1C 的小男孩被帶到早會大堂裏,站在中間通道旁的位置上。一個披着黑色長袍的高大男子從我身邊走向台上。我抬起頭來看看他的模樣,只能瞥見他的大耳朵。是的,占美有雙大耳朵!這是他給我的第一個印象。後來我才知道,我在學校的第一天,也是占美上任當校長的第一天。

這是新學年的第一天,高高的講台上擠滿了學生。忽然奏起懾魂動魄的音樂來,我從來沒聽過這樣的聲響,驚為天籟!後來才知道這是學校管弦樂團的演奏。當時便對自己說,有一天我也會在他們其中,在台上跟他們一起奏出這樣的音樂來!

1962 年中,第一學年快要結束了,放暑假之前,通過音樂老師(Henry Li,暱稱「殭屍佬」)的安排,參加了剛從上海來到香港的汪酉三先生的小提琴啓蒙班。一個月後,

只有四人留下繼續下去。我們其中一人，郭志雄（65 班），因為家裏環境拮据，沒有小提琴。校長知道此事後，動員剛畢業的鮑永耀（59 班）及幾位學長，用他們的打撲克牌的彩金零錢給郭志雄買了他的第一把小提琴。

1963 年，中二。志雄和我在學校管弦樂團第二小提琴最後面的一席上又碰上了。那年，學校管弦樂團從聖保羅男女學校手上奪回香港學校音樂節的冠軍獎杯。演出結束後，樂團成員在校長的家中慶祝。這是我第一次踏進大草場的另一端那所房子，從那天以後我成為常客。在那裏聽音樂唱片、看書、聊天，和乾在那兒發呆。

1967 年春季的一天，我參加了香港校際音樂節的商業電台最佳樂器演奏獎金的比賽，決賽場地就在學校山腳下的伊利沙伯中學大禮堂。當我踏上台上開始拉出第一首樂章時，我看到占美一個人在大禮堂的上層閣樓踱方步。占美從未出席過音樂節的任何演奏會，更不用說比賽的場合。當我結束演奏後，占美也不見了。我沒有告訴過任何人，也沒有跟占美談起過這事。這是我們之間不宣之秘密。

那是 1967 年的秋天，我當時正在協助組織一年一度賣物會晚上的舞會（Fete Dance）。當晚舞會進行得很順利，而我正需要從那聾耳振心的搖滾音樂偷一刻空閒躲一刻清靜時，不自覺的跑過大草場到校長的家裏來。占美一個人在昏暗的燈光下看書，勃拉姆斯鋼琴協奏曲在留聲機上輕奏着。他揚起眉毛看了我一眼，便着我到廚房找點吃的。

廚房設有東西可以吃，我沒哼聲，從廚房回來，坐在占美對面，讓自己陶醉在協奏曲的第二樂章裏，我睡着了。醒來時，發現身上蓋着一條氈子。音樂停了下來，占美上樓去了。看看手錶，是舞會中場休息派熱狗小吃的時間。我越過大草場，迎着黑暗，朝着學校大禮堂飛奔過去。

聖誕節前夕的一天，晚飯後好幾個學生在占美的屋子裏聊天。占美把我們分成三組，每組三人，再給每組 100 元港幣拿去街上派送出去。各組便分頭行事。我們三人走入九龍城，穿街過巷找露宿者，找「有需要」的人。三小時下來，搜了不少梯間角落，但我們三人總不能同意怎樣把錢送出去或送給誰，到最後一毛錢也沒有送出去。午夜前回到占美屋裏把錢還了。另一組的人還沒有回來，但有一組老早便回來了。他們就在學校下邊碰上一對母子瑟縮在街頭的寒風裏。他們二話不說便馬上把校長的 100 元，加上各人身上的十多塊，和穿在身上的棉襖大衣一腦子都全給了那街頭上的母子兩人。問他們為何這樣做，他們聳聳肩，莫不經意的說，覺得應該這樣做便做了。那一刻，我懂了！我們刻意做「善事」。「善」與「我們」是兩件事，「善」不在「我們」裏面。要做不在意的，才是自然的事。要學會「善」，再忘掉「善」，才是真的「善」。占美，讓我們明白體會了「要學習」和「要忘掉，洗抹去已學過了的」（learn and unlearn）。學過了之後，把學到的都忘去掉，才能把自己從學習中解放出來，把精髓融入自我，

內化成「我」的一部份。那時還年輕，似懂非懂，後來才意會到其中究竟：渾沌時候要學會「看山是山，看水是水」，是學習象理。長大了便深入了解內涵而「看山不是山，看水不是水」，開始懂得內在的意義。再成熟了便要跳出三界十方，釋放開懷的又是「看山還是山，看水還是水」，尋回逍遙真我！

當夜無眠。

1967 年是動盪的一年。我問占美，學校的宗旨是甚麼？占美莫不着意的說，學校是孩子長大成人的地方。我再問，成個怎樣的人？「Chinese Gentleman.」（中國紳士，君子）他毫不思索的說。我沒有再追問下去，他也沒有再說，但我覺得他是要我自己去找，去體會，自然有一天會明白過來的。

我於 1968 年離開香港前往美國，十六年後返回。通過宋大衛醫生，加入了照顧占美的醫療團隊，我負責他的眼睛。

我特別邀請占美出席 1990 年我在香港中文大學威爾斯親王醫院舉行的講座教授就職演講會。最後，我說：「拔萃男校前校長，郭慎墀，對我有超乎意識的啓發和難以盡言的影響。他在 1967 年那非常困難的時期提出本地中國人的歸屬感這一個課題，使我感到，儘管身不在香港，我的心從來未曾離開過。」

我說着時，眼角窺望到占美正在聚精會神地聽着，並

試圖用一種毫不在乎，不置可否的表情來掩飾自己的不安，那就是我們獨特的，可愛的校長了。

「他教曉我怎樣從自己思想中解放出來，教曉我怎樣把資訊經驗，認知體會內化，成為自我本能的一部份。他教導我要成為一個『中國紳士』（Chinese Gentleman，「君子」）。占美，我感謝您。」

半世紀以來，我一直朝着這方向而努力；現在也正要對生命和死亡，重新的再認識體會和了解。再學會，再忘掉，才可以有新生命，浴火重生，作新人！

謝謝您，占美，我的 Chinese Gentleman。

（改編翻譯自作者於 2012 年 2 月 18 日，郭校長的悼念會上的講話〈Gentle moments with a Chinese Gentleman〉。）

2006 年 2 月，拔萃男校《智睛徑》開幕。香港特區政府民政事務局局長致詞，
謂《君子之道》，為「勇者不懼，智者不惑，仁者不憂」。
左起：張宇人、黎澤倫、黃秋智、黃太太、郭慎墀、William Hill、何志平、張灼祥。

拔萃男校弦樂四重奏（1965-1968）。左起：余潔麟（66）、
郭志雄（65）、方浩（67）、何志平（66）。

Tribute to our fallen immortal— William Hill

Alex Ko

Chairman of DBSAC

I am saddened and in disbelief upon hearing the shocking news of William Hill's passing. It happened too fast and too early. The name W Hill has been so closely linked to DBS that the two are almost inseparable. The entire DBS community will forever remember this legendary son and the legacy he has left behind.

William was among the first generation of "senior soldiers" who came back to school to coach and train with the current boys. After training, he would share some of his amorous adventures, suggestive experiences and some hanky-panky stories. As a young boy, I was mesmerized and fascinated by the delightful details, culminating in some kind of a dramatic climax. Strangely enough, the same tales were repeated 50 years later during the AC poolside parties. What amazed me more was the characters of the story remain unchanged. William, you certainly managed to find your favorite events then, didn't you? What's more interesting was a new group of old boys are equally captivated and elated with the same semi-fictitious stories Some confessed they had some kind of weird dreams afterward. I am still uncertain whether the initials DBS, also nicknamed "Dirty Boys School", has anything to do with your memoirs. Anyway, we truly will miss those tales.

For decades, William's presence in the stadium represented athletic prowess and mastery, the pinnacle of power and speed. It is such a joy to watch William run. He almost redefined the law of gravity. It would be indisputable to say that DBS' dominance in athletics took off in the early 1960s when William prevailed in the athletics arena and was widely acclaimed as the "creme de la creme" in HK. At his prime, he excelled in all sprinting events, be they 100m, 200m & 400m ones. He triumphantly led the School to four consecutive grand-slams between 1962 & 1965, a remarkable achievement that still stands tall in the history of the HK inter-schools athletics competition.

William was a lanky athlete with an above-average height of 6'2". His talent in running was first discovered when he was in the C grade. It was not certain if he ever participated in the middle-grade division because of the age/height system which was implemented in both the C & B grades at the time. William seemed to run with so little effort, yet he was effective. He simply darted forward with no resistance. By 1965, he had already established himself as a giant in the athletics circle, literally transcending and eventually breaking all HK sprinting records and garnering the top honors twice of "The Athletes of the year" by HKAAA.

Many of you may not be aware of the rudimentary conditions which came with running in the late 50s/early 60s. Recapturing this time in history would lead one to realize that sports grounds were scarce and training was sporadic. Even basic equipment such as spikes shoes was primitive at best. A pair of "Torch/Made in China" spikes shoes cost around HK$6-7 a pair. 4-5 iron nails were inserted. Adidas in those days was a foreign name and a rare commodity. Athletes in the sprinting events had to unearth two man-made holes to start a race-hopefully to provide the anticipated friction to propel an athlete from a crouching position.

A pistol or handgun was used for kickstarting a race. The application was filed to the Regional Police Station in order to obtain a permit. On the day, a plainclothes sergeant would deliver the revolver with boxes of empty shells to the stadium. An explicit record was made as to how many rounds of bullets were fired during the whole event. A significant of 20 cents per shell was charged. Some starters were quite prudent and concerned with the cost. Certain athletes understood this phenomenon and took advantage to make a "Jump" start or what they called "beating the gun." In those days, athletes were pardoned with one false start.

Mixed sandy tracks were ubiquitous. There were no financial rewards nor any subsidies or grants from the government for athletes. Commercial endorsement was forbidden. This came at a time when financial assistance and reward in sport was frowned upon and seen as ungentlemanly. If you were found to have received a sum of money in any shape of form, you could have been disqualified from participating in all amateur sporting events or even the Olympics. Sporting life spans were relatively short and in general involvement in athletics came to an end right after secondary education in Hong Kong.

William was denied the right to run the inter-school 100m event at the time when he had already reigned as the prince of sprinting. As part of the event entry strategy, he was assigned to run the 200m and 400m whereupon he broke both records right off the track. In the following year, he was commissioned to participate in two new events not of his own choice; namely the 110 high hurdles and 800m. According to Mr. Lowcock's ratiocination and intelligence, he believed an outstanding athlete should be excluded from participating in his/her most formidable or favorable events in order to gain new experiences and confidence. Naturally and confidently, he was totally convinced of William's capability and competence in becoming an "All round" athlete. William subsequently succeeded brilliantly.

William, it's hard to compare you with others. Comparison is the thief of joy. You are what you're.

You made running a simple and enjoyable experience. You have inspired so many of us to carry the torch of disciples, dedication and the notion of "DBS, we will never settle for less".

Boys, records are made and meant to be broken again and again. I shall leave you to fill up the rest.

William, you're fondly missed.

William Hill

馮以浤

十餘年來，我每年都會在下列活動中碰見 William 三幾次：（一）11 月的賣物會；（二）兩三個月一次，由 Reggie Hamet 召集，在西青會舉行的「老鬼」聚餐；（三）1963 和 1964 兩屆不定期的班會聚餐。每次相遇，他都是笑臉迎人，細說生活狀況。他曾任職英語教師，近年專門替人補習。

記得我初回母校任教那年，他是 Form 4C 學生，坐在課室內近窗口的一個角落位置。一天下午，上地理課時，他伏案小寐。我走到他身邊，他仍然懵然不知，於是我拿起他桌上一本書，在他肩膀上拍了一下。他睡眼矇鬆地望着我，一副疲憊不堪的樣子，傻傻地笑了一笑，然後端端正正地坐着，表示「知道了」。

放學後，在球場上見到他，沒有了懶洋洋的疲態，換上了生龍活虎的神情，威風凜凜、精神奕奕地在練跑。他見到我，喜氣洋洋地笑了一笑。他的笑容，即時引起了我的遐思：他的姓名可以譯成「威臨‧喜露」。跟着的聯想和體會是：教育之道，最重要是讓學生有成就感。

William Hill

Mr Lowcock (centre) with the teaching staff in the 60s

First row: DBS Headmasters: Mr Jackland Lai, Mr Ronnie Cheng , Mr. Terence Chang , Alex Ko
Second row: Ryan Fong, Horace Chan, Daniel Ma, Jerome Leung (President of DSOBA), Anthony Teoh and William Lo.
It was the AC 50 Anniversary Dinner which coincides with DBS 150 Anniversary. So we have the "紅雙喜". Considered quite lucky to get that through as all are concerned with the social unrest at the time.

男拔校史編寫的經過

馮以浤

　　拔萃男書院校長張灼祥（我任教拔萃時的學生）首次向我表示想出版一本校史是 2004 年夏天的事。秋季開課後不久，我因事回校，他又跟我談論出版校史的問題，希望我執筆。歷史非我本行，恐怕力有不逮，推辭了，但表示願意負起組織、策劃之責。他同意。我於是着手查詢有關事宜和尋找合適人選，並寫好計劃書，於 2005 年初交他轉給校董會。

　　我心目中有三個理想人選，依次是倫霓霞、史偉廷（Anthony Sweeting）和陸鴻基。他們都曾經是我的同事。倫霓霞是香港中文大學歷史系退休講座教授，她的第一部著作是 *Interactions of East and West: Development of Public Education in Early Hong Kong*；史偉廷是香港大學教育學院的退休教授，他的著作包括 *Education in Hong Kong 1841-1941: Fact and Opinion* 和 *Education in Hong Kong1941-2001: Vision and Revision*；陸鴻基曾經是香港中文大學教育學院的講師、時任香港教育學院副校長，他寫過 *A History of Education in Hong Kong: Report submitted to Lord Wilson Heritage Trust* 和《從榕樹下到電腦前──香港教育的故事》，後者深受香港教育界的歡迎。

　　我先聯繫倫霓霞，即時獲得她的應允。她當時身在多

倫多，準備 2 月返港。她返港後，我們立刻相約見面。在討論寫作大綱時，我們的意見竟然不謀而合：全書分兩部份，前半部編年、後半部份題。談到具體工作時，她表示需要一個助手。我推薦劉潤和：拔萃校友、港大中文系博士（主修歷史）、香港檔案館前館長，她欣然接受。我隨後致電潤和，也獲得了他的首肯。2 月 17 日，我們三人一起到拔萃跟灼祥會面，並共進午膳。工作開展了，一切都似乎非常順利。

這年夏天，學校安排了兩位 2003 年完成中五學業的同學協助我們。在搜集資料的過程中，我們知道學校應該存有兩份很重要的文件：一份是 William Featherstone（費瑟士東）校長編寫、1930 年出版的 *The Diocesan Boys School and Orphanage, Hong Kong: The History and Records, 1869-1929*；另一份是 William Smyly（史邁列）1960 年代末寫成但沒有出版、名為 *History and Records of the Diocesan Boys' School* 的書稿。前者我們遍尋不獲；後者我們終於在圖書館的故紙堆中找到，但已殘缺不全。史邁列的書稿，我們後來終於修復了。這是後話，詳見下文。至於費瑟士東的校史，不久就有校友告知，他在香港城市大學的圖書館找到。這使我喜出望外。我拿着它，如獲至寶。取得灼祥的同意和獲得一位校友應允協助之後，決定依足它的規格翻印一千本。因為該校友是印務業的老行尊，新造的翻印版和現存的原裝版可說一模一樣。

拔萃情懷

　　費瑟士東編寫的校史是香港第一部獨立校史。他是一位很有魄力和遠見的校長。20 世紀初，香港政府銳意發展九龍半島。到了 1920 年代中，彌敦道和太子道已經先後落成通車，下一步是發展九龍塘，使成為高尚住宅區。此時，位於港島般含道的拔萃男書院暨孤子院已經接近飽和。費瑟士東有見及此，乃運用各種手段和關係，取得拔萃現址，以謀學校的長久發展。但在建造新校舍的過程中，不幸遇上因上海五卅慘案而引發的省港大罷工。在這場政治風暴中，10 萬工人憤而離開香港、返回內地，不少更攜眷同行，以致香港人口由 80 萬銳減至 50 餘萬，跌幅約 30%，使香港陷入了經濟大蕭條的境地。影響所及，拔萃師生在遷校的過程中折騰了足足三年，要到 1929 年才能夠在新校舍安頓下來。安頓下來之後，他開始着手編寫拔萃、也是香港的第一本校史。

　　James Lowcock（郭慎墀）1961 年起擔任校長。1960 年代中，他開始考慮在拔萃 100 週年的時候出版另一本校史。他請來已轉職香港中文大學的前英語教師史邁列擔任這項工作。史邁列畢業於劍橋大學，主修英文和歷史，二戰時曾參軍，出戍緬甸。戰後來港，在南華早報當記者，1960-65 年任教拔萃。史邁列花了不少時間在這本校史上，但因為他的寫作手法太受他記者生涯的影響，過於偏重「有聞必錄」式的報道，以致他的心血未獲校董會接受，因而胎死腹中。

8月初，倫霓霞來電，告知她的眼睛出了問題，醫生要她放棄寫作。知道沒有迴旋的餘地，只好退而思其次，於是發電郵給史偉廷，請他幫忙。他也爽快地答應了，說會於8月底離英返港。豈料返抵香港後感到不適，跟着確診癌症，無法幫忙。這時，香港教育學院的院長及其團隊正受到教育局的多方打壓，學院上下都忙於應付，我因此不敢驚動陸鴻基。苦無對策之際，潤和自告奮勇，表示願意擔起大旗，但只能用中文寫作，必須另請高明翻成英文。灼祥表示可以接受，於是就此決定。

2005年8月至2007年6月，潤和擔任主筆期間，負責編寫校史的團隊由劉潤和、周家建、高添強、劉致滔和我五人組成。周家建和高添強是潤和帶來的助手、致滔是上述兩位中五畢業生之一。學校給我們安排了一間鄰近校長室、面積約100平方呎、配備電話和電腦的房間做辦事處。我們五人經常在這裏開會：討論寫作問題時潤和當主席；討論行政問題時我主持。

我們最先討論的問題包括寫作進度和邀請顧問。我們決定邀請倫霓霞、史偉廷、陸鴻基和李越挺（退休教育署長）為顧問，並定期交稿給他們審閱和聽取他們的意見。2006年中，書稿完成了一半之後，我建議發給顧問看看，但潤和堅持，要待書稿全部完成後才交他們審閱。我提出了異議，但結果還是不了了之。

此前，我又嘗提議，書稿完成後，找校友李令勤（Lin-

coln Li）協助翻成英文。令勤是歷史教授，當時正分別在
日本和澳洲兩地的大學教書，但行將退休。得到眾人的同
意之後，我立刻跟他聯絡，他當即表示願意協助，並積極
參與。後來他更進一步提出，要在寫作上出一分力。他的
要求不獲接納，事情終於拉倒。

寫作期間，我提了不少意見，但大多未獲接納。2007
年 5 月中旬，書稿殺青後，我一方面把它分發給各位顧問
審閱，一方面應潤和的要求，跟中大出版社的社長聯繫，
安排與他們的編輯會面。我隨後跟潤和一起到中大與馬桂
鴻編輯會面，並留下書稿，請他們過目，看看是否可以出
版。兩天後，桂鴻來電，表示沒有興趣。

此前，我邀請了陳慕華把書稿粗略地翻成英文，給史
偉廷審閱。慕華住我隔壁，是溫哥華英屬哥倫比亞大學胸
肺科榮休教授，退休後曾任教港大。她念中五時，因女拔
不設理科，開始來男拔修讀物理和化學。那年，學校安排
她坐在我前面，但一年下來，我們沒有交談過一句。在香
港大學，我們同住聖約翰學院，三年來見面也只是打個招
呼而已。我們變得熟絡是 1998 年的事。那年秋天，我們不
約而同入住聖約翰學院的客房，成為鄰居。2003 年，「沙
士」期間，樓價下挫，我們相約一起在薄扶林花園置業，
獲相連單位，於是再次成為鄰居。她跟男拔很有淵源：父
親是退休教師、丈夫和她兩人的兄弟都是校友。脫稿時，
慕華只翻譯了全書的三分之二，史偉廷也因此只審閱了部

份書稿。

　　顧問讀完書稿後，李越挺率先約見，請我和潤和到六
國酒店午膳。史偉廷的意見書隨後寄到。跟着，倫霓霞也
要跟潤和面談，但他表示無暇出席，派了周家建來錄音。
倫霓霞的意見我做了筆記，並得到她的認可。陸鴻基因為
忙於和教育局的官員打官司，他的意見書要到 6 月底才收
到。總括來說，四位顧問都指出，書稿必須加以修改，才
可接受。灼祥收齊了四位顧問的意見之後，約見潤和，請
他按照顧問的意見修改書稿。稍後，潤和發來電郵，表示
沒有時間修改書稿，並請辭。

　　7 月初，灼祥來電約見。見面時，他說：已經收了一位
家長 100 萬元捐款出版校史，不能沒有貨交，希望我勉力
為之。我曾建議邀請力勤接手，但他說，力勤尚未退休，
而時間又愈來愈緊迫，恐怕夜長夢多，趕不及 140 年的慶
祝晚宴。他言辭懇切，我一時難以推卻，只好說要回家仔
細考慮一下。當晚我提出寫校史的問題跟慕華商量。她聽
了很感興趣，表示願意盡力協助。次日，我致電灼祥，答
應他的請求，並建議他讓一位新聘的教師半職教學、半職
協助我們。他表示沒有問題。8 月，他找來林小潔。

　　我們的第一項工作是到學校閱覽文件，如校董會的會
議紀錄等，其次是學校出版的刊物如《集思》(*Steps*)、《阰
報》(*Olympus*)、《粹聞》(*Not Rigmarole*) 等以及一些單行
本。我們知道，位於觀塘的香港政府檔案處和位於中區的

香港聖公會主教府會藏有一些有關拔萃的資料，但因為時間緊迫，只前往涉獵一下便沒有再去了。遠在歐洲的英國國家檔案館公開檔案（Open Public Record of the National Archives of United Kingdom）更遑論了。倫霓霞 2005 年 5 月去了，但她沒有留下任何資料，不知有無收穫。

在討論如何着手進行工作時，因兩人的學術背景和寫作習慣不同，曾因寫注釋的方法引起激辯，可説已經達到「面紅耳赤」的地步。幸好冷靜下來之後，決定暫時把問題擱置，避過了一次拆夥之虞。9 月，寫作開始後，我們的合作關係慢慢地變得愈來愈緊密，也愈來愈愉快。完稿時，可説已到了合作無間的地步。因此，我們後來一再合作，先後出版了《胸肺疾病手冊》和《林護》兩本書。

開始寫作之前，我們先討論章節的分配，決定沿用倫霓霞、潤和、我三人早前的設計，全書分兩部份：第一部份是編年史，第二部份是專題史。原本的設計是每部份 6 章，共 12 章。我們每部份各加一章，前緒言、後結語，成 14 章。跟着我們簡略地討論了每章的內容。之後，我根據討論的結果寫成各章的小標題以及一些章節的具體內容。9 月開始寫作，寫作的過程幾乎每章都一樣：(一) 我列出每一章節的詳細內容和具體要求；(二) 慕華按照我的建議和要求「執料」，寫成初稿；(三) 我根據初稿寫成第二稿。(四) 慕華問難和指出錯漏，我修補。這樣，一章一章地寫下去，到次年 9 月底，第二稿便全部完成了。全書用了大

約一年時間寫成。第一章因為內容敏感而且資料缺乏，令人煞費思量。幸好後來得到方穎聰和陳煒舜兩位校友的幫忙，提供他們多年來搜集所得的資料，解決了問題。這一章我們寫了近兩個月。其他各章都相當順利，一般三、四個星期一章。最順利的是第 14 章。9 月中旬某天，討論「結語篇」的寫作問題時，我忽然思潮如湧，滔滔不絕地講了近一小時這一章的內容和脈絡。慕華靜心地聽着。數天後，她交來初稿。我看完後，幾乎一字不易便收下了。

2008 年 2 月，我們完成了前半部之後，立刻把稿件送給三位尚在世的校長（郭慎墀、黎澤倫、張灼祥）和四位顧問（李越挺、倫霓霞、史偉廷、陸鴻基），請他們審閱和提意見。他們很合作，而我們也一一按照他們的意見修改了書稿。9 月底，全書完成後，我們再把書稿送交他們審閱及按照他們的意見進行修訂。這年，我不斷跟本港和海外的退休老師和校友聯繫，徵集所有有關他們和學校的資料。他們的反應異常熱烈。向我們提供資料的校友我沒有系統地記錄。就記憶所及，可能高達二百人，但肯定過百。其中為我們提供最多寶貴資料的有 Donald Brittain 老師以及李瑞明（戰前畢業）、程慶禮（Henry Ching，在校時沒有中文名）、陳肇基、郭志鴻和黃賢等校友。黃賢是上述三位校長和陸漢峰（見下段）之外，唯一讀過書稿的校友。他除了為我們提供不少文字資料之外，還找來很多難得的歷史圖片。

　　自知英語水平不高，完稿前，請了余晃英和陸漢峰兩位為書稿潤飾一下。晃英是我港大同事，在語言中心教英語；漢峰是我在拔萃任職時的學生，大學畢業後返回母校教英文。我從未跟漢峰有過任何接觸，只是多年前在校友會的一次週年大會上聽過他以英語發言，他的詞鋒給我留下了深刻的印象。2008 年 7 月，找人潤飾文字時，想起了他，於是到處打聽他是誰，並設法跟他聯絡。終於找到了，我的要求他也沒有推辭。這年夏天，慕華和我花了很多個下午到他新蒲崗的辦事處聆聽他的講解和提點。晃英上世紀末從理工大學退休後移居溫哥華，成為了當地著名的英語補習教師。稿件發出後，不到兩星期就收到他意見了。他們兩位實在給了我們很大的幫忙。

　　王于漸是中大的舊同事，上世紀 90 年代初轉職港大，本世紀初年獲委任為副校長。通過他，我們約了港大出版社的社長 Colin Day 和編輯張煌昌於 10 月 3 日下午在港大教職員餐廳會面。見面時，我先介紹出版拔萃校史的緣起、意義和目的，以及寫作的經過，也提到四位顧問的支持。跟着簡略地介紹了這本書的內容，並送上書稿和顧問的書面意見。最後，我說，出版後拔萃準備回購 2,000 本精裝版，希望他們給予特別的優惠。之後，我們在輕鬆的氣氛下再閒談一會便告辭了。過了大約一個月，出版社傳來好消息：書稿通過了。有份參與其事者知道了，都為學校高興。簽約後不久，灼祥決定加碼：回購 3,000 本。

　　我們放下心頭大石之後，集中精神處理以下三件事：
（一）搜羅仍然付之闕如的資料，例如各位校長的簽名，
以及歷任教師的中英文名字；（二）搜集一些有關學校的
有趣歷史資料，不管是文字、畫作或攝影的；（三）整理
史邁列的書稿。第一項工作主要在兩個地方進行：（a）拔
萃校內；（b）香港大學孔安道紀念圖書館。校內方面，特
別是附錄的資料，得力於林小潔和劉致滔的協助；港大方
面，我們為了找尋二戰前學校和幾位校長的資料，經常向
圖書館特藏部的陳國蘭女士查詢。得到她的熱心協助，很
多問題都因而解決了。可惜用盡辦法，George Piercy 校長
的簽名至今仍然未能找到。就第二項工作而言，我們雙管
齊下：一方面向校友查詢，一方面細心翻閱各期校刊，從
而找到不少有用的資料，文字、畫作和攝影都有。

　　至於第三項工作，說來話長，必須從頭說起。2005 年，
在策劃書稿和搜集資料的過程中，發現了費瑟士東 1930 年
出版的書 *The Diocesan Boys School and Orphanage, Hong
Kong: The History and Records*, 1869-1929 和史邁列 1960
年代末寫成的書稿 *History and Records of the Diocesan
Boys' School*。我讀完之後，認為二者都是重要的歷史文獻：
前者雖然讀來枯燥，但紀錄詳盡清楚；後者文筆生動活潑、
可讀性高，但一些內容可能引起爭議。我當即決定：先翻
印前者，後者容後處理。

　　2008 年初，校史的編寫工作上了軌道之後，我又想到，

可以請史邁列來港修訂他的書稿。此舉有三個目的：（一）
保存學校珍貴史料；（二）方便我們引用他的資料；（三）
替我們潤飾已完成的上半部書稿。我把這個想法告知灼祥，
請他考慮。他聽了之後，不加思索便答應了，並請我積極
進行。史邁列收到邀請後，立即購買機票，於 2 月中旬和
夫人一起返港。他的夫人是女拔校友。抵港後，學校安排
他們入住新翼的教員宿舍。他當年任教拔萃時也是住在那
裏。按照原定計劃，他會留港兩個月，除了校訂自己的書
稿之外，還會協助我們改進已寫成的初稿。豈料他一個月
後便離港返英了，在港期間也沒有做好上述兩項工作，而
是把時間用在豐富他的書稿上。他先後訪問了郭慎墀、黎
澤倫和張灼祥三位校長，並寫成新的篇章。他沒有把這些
新寫的訪問稿交給我，我也沒有仔細地閱讀過這些稿件，
但在安排學校的文員替他打字時匆匆看了一次。他走後，
原來的書稿依然故我，沒有分毫改變。

2009 年夏秋之間，我忙於和港大出版社打交道，要經
常去位於田灣的辦事處處理事務和校勘書稿。我請慕華整
理史邁列的書稿，她很快就完成了工作。之後，我打印了
五套，釘裝成書，分四冊、五本：學校、灼祥、史邁列、
慕華和我各一套。電腦版也給了學校和史邁列。書稿四冊
五本的編排如下：

Volume 1: Headmasters

Volume 2: Year by Year: (a)1860-1945); (b) 1945-1964

Volume 3: Topics

Volume 4: Interviews

男拔校史 *To Serve and to Lead: A History of the Diocesan Boys' School, Hong Kong* 在 2009 年 11 月上旬面世，剛好趕及 20 日在香港會議展覽中心舉行的 140 週年慶祝晚宴。在晚宴上，校董會主席徐贊生主教致詞時，特別提到這本書，並加以讚揚。這有點出乎意料之外。2005 年，在策劃期間，我寫過計劃書給校董會。2007 年夏天，接手寫作之後，慕華和我曾訪問徐主教。此後，我們便沒有再跟校董會接觸了，書稿也沒有讓他們過目。這是因為校董會人事複雜、意見紛紜，恐怕「順得哥情失嫂意」，有違寫作初衷。我的想法是：書成後，如果交由學校出版，那當然要得到它的批准；如果自己接洽出版社出版，那便只需知會學校和致謝便行了。

晚宴開始前，大堂擺放着費瑟士東的早期校史和我們的新出爐校史，讓與會者購買，售價分別是 $200 和 $400（均約為成本的一倍；後者也是書店的售價）。銷量聽說不錯。2019 年，一百五十週年校慶前夕，我曾致電校務處查詢，據報兩本都已經所餘無幾了。

The Tree House

Terence Chang

Tree houses are rooms or edifices built among the branches or next to the trunk of one or more mature trees, hanging well above ground level. Tree houses can be built for recreation or permanent habitation.

The tree house of DBS is a new concept to enable our kids to have a bit of their own personal space to read or to do other things that require a bit more solitude.

The building of the tree house is an opportunity for our kids to learn to better appreciate our natural surroundings, as well as a chance to nurture their scholarly habits in a secluded but not terribly isolated setting.

I would like to end this foreword with an excerpt from American Poet David Anthony's poem on "THE TREE HOUSE":

Riding on a ship in the sky

Sailing on the waves of wind.
Only me here at the helm
Pirates all about I do pretend.
Hidden beneath the summer leaves
Exposed by winter's bareness.
My place of refuge when in doubt
My place of personal awareness.

By giving our students a place of solitude and self-reflection, we certainly hope that the tree house will make them aware of their own hidden talents.

後記：
張灼祥、范玲對談

張：沒想到，那麼快，來到《三部曲》的第三部了。

范：不知不覺日子就這樣一天天過去。

張：這一年，疫情持續，我們行不得也，甚麼地方都去不了，但去年答應給我們寫稿的年輕人、少年人、都先後交來稿件。年紀最小的還在念小學、年紀大一點的，有念中學、大學、也有大學畢業，出來工作的了。

范：所以，我是很期待這個第三部的，因為很多孩子是看着他們一天天長大的。

張：有年輕人，當年認識他們的時候，他們還在念小學，現在大學畢業了。我記得有一張照片，刊登在這一輯的，2004/05 年我到小學部看小學同學上課。我在班上，看同學的作業，他們在我身旁，扮鬼扮馬。有兩位同學，今次也有寫文章，一位先在英國大學讀數學，畢業後，再去美國深造。遇上假日，一個人駕駛汽車呢度去、嗰度去、逍遙快樂。另一位也在美國讀獸醫，快畢業了。他們都有書寫自己的近況。

范：讀數學的那個我知道，以前以為喜歡數學的孩子會很呆板，和他聊過天才發現，他很機靈風趣呢！

張：另一位你一定認識的，在我們的晚會上表演二胡
的朱芸編，他也有寫五年後，他會變得怎樣呢。

范：當然，現在應該叫他二胡演奏家了，我很喜歡他
的作品，他可以透過二胡把不同的音樂用不同的處理方式
演繹出來，可以有 jazz、藍調的效果，這是我在以前想也想
不到了，說實話，在沒聽過朱芸編演奏前，我對二胡的印
象只停留在《二泉映月》，說來慚愧。

張：另一位也有在晚會詠唱歌曲的 Michelle，她的天籟
之聲，很能打動人。她的文章，真情流露。她的妹妹寫得
也好，很平實。其實，這一輯的文章，不管寫的是男還是女，
都很有個人風格，各自精彩。

范：沒錯，在第三部裏，每個年輕人都各有特色，有
的喜歡唱歌、有的喜歡作曲、有的喜歡設計、有的喜歡數
學，有的年紀還小，但都對未來充滿憧憬，他們現在也在
世界的不同地方，正在為追求他們的夢想而努力。

張：對，像在第三部曲校園攝影，就是由英國讀設計
的 Jim 負責的。他把學校拍得很美，其中一張攝影，是在學
校禮堂望出去，可見學校的竹林，大門的鳳凰木、操場、
樹屋。還有很多人都會忽略的《Time Capsule》，掛在大門
入口牆上，那是學校慶祝一百四十週年掛上去的。

范：所以我說期待第三部是有原因的，很期待讀到他
們的文字，想知道他們對未來到底有甚麼夢想。

張：她／他們的夢想，將來的日子，就由她／他們來

說好了。我們還是説説疫情來襲前，在蘇格蘭所過的幾天吧。你該記得那寫意的時刻吧？

　　范：你是説那趟船之旅嗎？那真是一個風景如畫的地方，你還記得那個小鎮的名字嗎？

　　張：那個地方叫 Luss。要不要看看我寫那幾天的快樂時光？

　　范：好。

張灼祥與范玲攝於 Luss

附錄：
在蘇格蘭的幾天

張灼祥

我們像本地人一樣，先到超市購物，路經 Botanic Garden，進去看個究竟。陽光普照的下午，公園草地躺滿城市人，都來曬太陽，公園內的幾幢玻璃屋，溫室裏面盡是熱帶和亞熱帶花草灌木，很具觀賞價值。

走出溫室，見一茶室 Tea House，遂坐下來，喝杯 Earl Grey，吃件英式鬆餅。Scone 沒香港的鬆化，但價錢合理，兩個人一頓下午茶，不用十磅，比香港便宜。

在超市前見一連鎖書店，進去看看。我有此「壞」習慣，走進書店，不能空手而回。書是買了下來，還做了書店會員，日後購買若干本書，有減十鎊優惠。

走進超市，已近黃昏了，友人說得對：這裏超市食品，要比香港便宜，來自 Aberdeen 的 Angus Steak，12 鎊有兩大塊，可吃兩天了。

第二天吃過自製早點，到 Queen Street 坐 ScotRail 前往 Balloch，一個半小時車程，來到小鎮，乘坐小輪到 Luss，作半日遊。Luss 湖光山色，教人樂而忘返。我們踏過由軍部工程人員搭成的木橋，又看了中世紀在此建成的教堂遺址。Luss 居民 2015 年 7 月 8 日為伊利沙伯女王登基超過六十年而種植的 Red Oak，命名為「The Queen's

Tree」，我們在樹下，品嚐 Balloch Information Office 女職員推介的 Handmade Scottish Shortbread，喝帶來的 Home-made 果茶。

在當地咖啡室吃午餐，試了蘇格蘭詩人 Robert Burns 讚好的 Haggis and Clapshot，那是碎羊肉內臟加薯仔蘿蔔的蘇格蘭名菜，很見滋味，不過，吃一次，夠了。

像遊客那樣，買紀念品，買了兩件 Heathergem，那是把石南屬植物壓成塊狀後，拋光而成的首飾，可作小擺設，放在書櫃內，與詩人 Robert Burns 詩集平排放，好讓日後回想起來，那一年夏天，曾到 Luss 有過一日的逍遙遊。

Luss 蘇格蘭

女王樹

www.cosmosbooks.com.hk

書　　名　五年、十年，拔萃依然

作　　者　張灼祥

責任編輯　郭坤輝

美術編輯　楊曉林

校園攝影　Jim Leung

運動・音樂照片　DBS提供

出　　版　天地圖書有限公司

　　　　　香港黃竹坑道46號

　　　　　新興工業大廈11樓（總寫字樓）

　　　　　電話：2528 3671　傳真：2865 2609

　　　　　香港灣仔莊士敦道30號地庫（門市部）

　　　　　電話：2865 0708 傳真：2861 1541

印　　刷　美雅印刷製本有限公司

　　　　　香港九龍官塘榮業街 6 號海濱工業大廈4字樓A室

　　　　　電話：2342 0109　傳真：2790 3614

發　　行　香港聯合書刊物流有限公司

　　　　　香港新界荃灣德士古道220-248號荃灣工業中心16樓

　　　　　電話：2150 2100 傳真：2407 3062

出版日期　2021年7月 初版 / 再版・香港